Klassische Schullektüre

Herausgeber: Ekkehart Mittelberg

Erwin Strittmatter

Pony Pedro

Text und Materialien
bearbeitet von Hanna Behrend

Cornelsen

Der Abdruck von „Pony Pedro" erfolgt mit freundlicher Genehmigung
des Aufbau-Verlags, Berlin.

Bildquellenverzeichnis

S. 4: Erwin Strittmatter, 1989. ULLSTEIN
Die Illustrationen zu „Pony Pedro" stammen von Hans Baltzer (1900–1972; vgl. S. 9)
und fanden sich auch in der Originalausgabe. © Middelhauve Verlags GmbH, München,
für Der Kinderbuchverlag, Berlin
S. 96: Foto mit freundlicher Genehmigung der „Stiftung für das Pferd", Le Roselet

Umschlaggestaltung: Matthias Mantey
Umschlagillustration: Klaus Ensikat
Technische Umsetzung: Enev Design & Consulting, Berlin

 http://www.cornelsen.de

Dieses Werk berücksichtigt die Regeln
der reformierten Rechtschreibung und Zeichensetzung.

1. Auflage ✔   Druck 4 3 2 1 Jahr 03 02 01 2000

Alle Drucke dieser Auflage können im Unterricht nebeneinander verwendet werden.

Druck: Saladruck, Berlin

ISBN 3-454-60149-8

Bestellnummer 601498

 gedruckt auf säurefreiem Papier, umweltschonend hergestellt aus chlorfrei gebleichten Faserstoffen

INHALT

Erwin Strittmatter, 1989

BIOGRAFIE DES AUTORS

Erwin Strittmatter wurde **am 14. August 1912** in der Kleinstadt Spremberg/Niederlausitz geboren. Sein Vater war Bäcker und Kleinbauer, seine Mutter führte den Bäckerladen. In Graustein und Bohsdorf im Kreis Spremberg verbrachte er seine Kindheit.
Seine **ersten Gedichte** verfasste er bereits mit neun Jahren. Auch eine **Erzählung** schrieb er, die in einer Schülerzeitung veröffentlicht wurde.

Erwin besuchte das Realgymnasium, das er mit 17 Jahren verließ, und erlernte das Bäckerhandwerk. Dann arbeitete er als Kellner, Tierwärter, Chauffeur und Hilfsarbeiter.
Ende der 20er-Jahren trat Strittmatter dem Verband der Sozialistischen Arbeiterjugend bei und 1934 wurde er wegen Widersetzlichkeit gegen das nationalsozialistische Regime für kurze Zeit inhaftiert.
Zur Wehrmacht eingezogen desertierte er gegen Ende des Krieges.
1945 arbeitete er wieder als Bäcker und erhielt Land durch die Bodenreform[1]. 1947 wurde er Amtsvorsteher für sieben kleine Gemeinden in der Mark Brandenburg. Anschließend war er Redakteur einer Zeitung.

1951, als Strittmatter fast 40 war, erschien **sein erster Roman, *Ochsenkutscher*.** Darin schildert er den Lebensweg eines Dorfjungen auf einem Gutshof in der ersten Hälfte des 20. Jahrhunderts, bis zur Machtergreifung der Nationalsozialisten 1933.
Von da an war Strittmatter Schriftsteller. In der DDR, dem anderen deutschen Staat in der Zeit von 1949–1990, wurden seine Bücher in fünf Millionen Exemplaren gedruckt und in zweiunddreißig Sprachen übersetzt.

1959 wurde er Erster Sekretär und später Vizepräsident des Schriftstellerverbandes der DDR und Mitglied der Akademie der Künste. Er wurde mehrmals mit dem Nationalpreis[2] für Kunst und Literatur geehrt.
Strittmatter schrieb in dieser Zeit neben Erzählungen und Romanen auch zwei **Theaterstücke,** *Katzgraben* (1953) und *Die Holländerbraut* (1960).

---

1 *Bodenreform:* unter der sowjetischen Besatzungsmacht 1945–1949 vorgenommene Enteignung von Kriegs- und nationalsozialistischen Verbrechern und Verteilung ihres Grundbesitzes an Flüchtlinge, landarme Bauern und Landarbeiter
2 *Nationalpreis:* die in drei Stufen verliehene höchste Auszeichnung der DDR für wissenschaftliche und künstlerische Leistungen

Seit 1954 lebte die Familie Strittmatter meist in **Schulzenhof bei Dollgow**, einem „echten märkischen Dorf [...], achtzig Kilometer von Berlin entfernt, sieben Kilometer von Tucholskys Rheinsberg[1]", wie die Dichterin Eva Strittmatter, Erwin Strittmatters dritte Frau, in einem Brief vom 30. Dezember 1971 schrieb[2]. In einem Interview berichtet sie, wie wichtig ihrem Mann dieses Haus auf dem Lande war:

> „Als er anfing zu schreiben und noch lange, ja fast bis in die Mitte des Lebens, als sein erstes Buch erschien, war das Höchste, was er sich erträumt hat, ein Stück Land, ein Dach überm Kopf und ein Tisch. Dass er seine Schreibenergie schließlich verwandeln konnte in dieses Stück Land, in diese 2,25 Hektar Boden, erst in dieses winzige alte Haus, dann in das Haus, das wir hier gebaut haben, und dass er hier Stück um Stück das Werk aus sich hervorgeholt hat und Schulzenhof zu einem Ort in der Welt gemacht hat – das war für ihn ein ungeheurer Vorgang."[3]

Mit dem Nationalpreis geehrt wurde 1955 auch Erwin Strittmaters **Jugendroman _Tinko_ (1954)**, in dem er die Nachkriegsjahre 1948/49 in der Niederlausitz aus der Sicht eines Jugendlichen schildert. Dieses Werk wurde eines der meistgeliebten Jugendbücher der DDR. Eva Strittmatter schrieb 1977, dass _Tinko_ inzwischen „sein eigenes Leben" habe, dessen „Spuren [...] für uns sichtbar werden, wenn Briefe von Lesern kommen" (Briefe, S. 20). Solche Briefe enthielten Fragen oder die BriefschreiberInnen hatten die Tinko-Geschichte fortgeschrieben.

Über die Behandlung der Werke Strittmatters in der Schule schreibt seine Frau kritisch:

> „Er ist traurig, wenn sich die Lektüre in _Pflicht_ verwandelt, wenn die Kinder gezwungen werden, nach dem Schema A, B, C seine Bücher zu _interpretieren_. Bei vielen Sendungen, die er erhält, schaut der methodische Plan heraus, nach dem die Lehrer arbeiten. Zu neunzig Prozent stimmen die Aufsätze oder Briefe der Kinder überein. Und das lustige Leben, das in einem Buch wie _Tinko_ herrscht, verflüchtigt sich in Abstraktionen." (Briefe, S. 18)

---

1 _Tucholskys Rheinsberg:_ Der Schriftsteller Kurt Tucholsky (1890–1935) veröffentlichte die Erzählung _Rheinsberg. Ein Bilderbuch für Verliebte_ im Verlag Axel Juncker in Berlin im Jahre 1912.

2 Eva Strittmatter: Briefe aus Schulzenhof. Berlin – Weimar: Aufbau Verlag 1977, S. 302. Daraus sind auch die folgenden Briefauszüge entnommen.

3 Interview mit Eva Strittmatter: „Unser Leben hatte manchmal kafkaeske Züge". In: Berliner Zeitung, 14. 8. 1997, S. 27

Schülern und Schülerinnen, die Strittmatter ihre Arbeiten über *Tinko* geschickt hatten und die seine Meinung erfahren wollten, anwortete meist seine Frau:

> „Vor allem haben uns die Mühe und Sorgfalt beeindruckt, die ihr aufgewendet habt, um Tinkos Geschichte weiterzuerzählen. Wenn der Schriftsteller das gemacht hätte, wären die Leute nicht so musterhaft und geradlinig, da hätten sie Ecken und Kanten und ihre Wege hätten Windungen. Bei einigen Aufsätzen hatte man den Eindruck, dass ihre Verfasser Spaß beim Schreiben hatten, sie malten die Szenen aus, versuchten sichtbar und hörbar zu machen, was da vorgehen sollte. Gaben die Stimmung der Stadt und der Menschen wieder und nicht nur die Tatsachen, um die es sich handeln sollte. Sie versuchten gewissermaßen die Sache *rund* zu machen und lebende Bilder zu bekommen. So geht auch der Schriftsteller vor. Die reine Tatsache ist für ihn nichts, er kann die Sachen nicht fertig gebrauchen, sondern nur im Werden, in der Bewegung. Vor allem interessiert ihn das, was anders verläuft, als man es sich gemeinhin vorstellt." (Briefe, S. 20 f.)

Vier Jahre, nachdem Strittmatter das Haus in Schulzenhof erworben hatte, kam 1958 das **Jugendbuch *Pony Pedro*** heraus. Es wurde bei einem Preisausschreiben für Kinder- und Jugendliteratur im gleichen Jahr ausgezeichnet und erschien im Kinderbuchverlag Berlin in einer großen Auflage für Leser und Leserinnen ab 13 Jahren und kostete 2 DDR-Mark. Auch zu dieser sehr beliebten Erzählung erhielten die Strittmatters viel Leserpost. Auf einen Brief antwortete Eva Strittmatter am 27. März 1965:

> „Du fragst, ob *Pony Pedro* ein Buch für Kinder oder Erwachsene sei. Wir sind der Ansicht, ein gutes Kinderbuch können auch Erwachsene lesen, sie werden ihren Spaß daran haben – ebenso wie die Kinder. Der Schriftsteller stellt sich natürlich vor, wen er mit seinem Buch erreichen will, und mein Mann will immer alle Leser erreichen, nicht nur eine bestimmte Gruppe von Menschen. Aber in dieser Angelegenheit entscheiden nur die Leser. Und da ist es bei *Pony Pedro* wie bei *Tinko*. Kinder lesen es ebenso wie Erwachsene. Also genau, was der Autor sich gewünscht hat.
> Du fragst: Sind es persönliche Erlebnisse, die in *Pony Pedro* verarbeitet sind? Ja, nur sind die Geschichten in Wirklichkeit nicht genau so passiert, wie sie mein Mann aufgeschrieben hat. Aber ihren Ursprung hat jede Episode in der Wirklichkeit. Wir hatten dieses Pferd, es hieß zwar anders: aber es hat uns in all diese Abenteuer gebracht." (Briefe, S. 36)

In einem anderen Brief vom 11. Februar 1966 erzählte Eva Strittmatter noch mehr über die Entstehungsgeschichte der Erzählung:

> „Ich weiß nicht, was dich besonders interessiert. Aber die erste Frage ist meistens: Lebte das Pony, hatten Sie es wirklich? Es war unser erstes Pferd, wir schafften es an, als wir vor zwölf Jahren hierher zogen. Inzwischen halten wir Shetlandponys und arabische Pferde (zum Reiten). Pony Pedro, das eigentlich Pony Brandy hieß, ist im Berliner Tierpark. Mein Mann hat gerade ein Buch in Arbeit, das *Aufzeichnungen eines Reiters* heißen wird. Dann wird er ein Buch über Shetlandponys schreiben. Wir können uns unser Leben ohne die Pferde kaum

vorstellen. Wir züchten, haben jedes Frühjahr Fohlen, in diesem Jahr erwarten wir neun Stück! Sechs Ponyfohlen und drei arabische. Es gibt kaum etwas so Lustiges und Rührendes wie Pferdefohlen. Nun weißt du ein bisschen was. Noch eins: Wir wohnen in einem ganz kleinen Haus, wie es in *Pony Pedro* beschrieben ist. Die Kate ist noch so, aber inzwischen haben wir für unsere Pferde einen Stall gebaut, der ist doppelt so groß wie das Haus, in dem wir mit unsern vier Söhnen wohnen." (Briefe, S. 66 f.)

Strittmatter schrieb *Pony Pedro* nach Tagebuchaufzeichnungen. Er „notiert, was ihm wichtig ist, all seine Beobachtungen in der Natur, an Pflanzen, Tieren, auch kuriose Geschichten von Menschen" (Briefe, S. 81). Er sammelte jahrelang Geschichten für das Buch. Aber er arbeitete auch mit seinen Pferden. So hat er dem im November 1970 erworbenen arabischen Junghengst „jeden Nachmittag, bei welchem Wetter auch immer, zwei Dressurstunden" erteilt. „Augenblicklich bei großer Sonne im Schnee. Er beginnt den Hengst einzureiten, der für die nächsten fünfundzwanzig Jahre sein Reitpferd sein soll [...] Aber vor allen Dingen ist es auch etwas Handgreifliches, das für die physische Existenz und die Tagesdisziplin von Bedeutung ist. Erwin ist durch das Pferdetraining noch genauso beweglich wie vor zwanzig Jahren." (Briefe, S. 216 f.)

Mit Hans Baltzer, dem Illustrator von *Pony Pedro*, war Strittmatter sehr zufrieden, weil er das, was der Schriftsteller sagen wollte, so gut getroffen hatte. Aber auch „weil er ein angenehmer Mensch mit Witz" ist. „Menschen, mit denen man lachen kann, möglichst viel und möglichst laut" (Briefe, S. 85), liebte Strittmatter sehr.

1964 erhielt der Schriftsteller seinen dritten Nationalpreis für den ein Jahr davor veröffentlichten **Roman *Ole Bienkopp*.**

Dieses Werk gehört zu seinen berühmtesten Romanen. In Frankreich ist er Pflichtlektüre im Deutschunterricht und in vielen Ländern, darunter auch Indien, wurde er übersetzt, in der UdSSR[1] sogar in einer Drei-Millionen-Auflage herausgebracht. Vor allem die Zeichnung der Titelgestalt, eines ebenso eigenwilligen wie hartnäckig für einen menschlichen Sozialismus streitenden Bauern, löste eine heftige Auseinandersetzung zwischen dem Schriftsteller und den „Literaturpäpsten" der DDR aus.

---

1 *UdSSR:* Union der Sozialistischen Sowjetrepubliken, vgl. Fußnote 1, S. 16

Dieser Kontroverse folgten ähnliche beim Erscheinen der drei Roman-
bände des *Wundertäters* (1966–1973–1980).

1966 erschien der *Schulzenhofer Kramkalender*, 1969 *Ein Dienstag im
September*, 1971 *3/4hundert Kleingeschichten*, 1972 *Die blaue Nachtigall
oder der Anfang von etwas*.

Auch später schrieb Strittmatter immer wieder kürzere Erzählungen statt
dicke Romane. 1981 kamen die *Selbstermunterungen*, 1982 *Wahre Geschichten aller Ard(t)* heraus. (Der Titel ging auf einen Vorschlag von Matthes
Strittmatter zurück, der damals in der 2. Klasse und in der Orthografie noch
nicht ganz sicher war.)

1973 sagte Strittmatter über seine Erzählungen:

> „Ich versuchte auf kleinem Raum philosophische Themen abzuhan-
> deln [...] Wenn ihre äußerliche Versorgung gesichert ist, beginnen die
> Menschen zu fragen: Wo komme ich her? Weshalb bin ich hier? Wel-
> ches sind meine wirklichen gesellschaftlichen Verpflichtungen? [...]
> Es lag mir fern, vorsätzlich über Natur an sich zu schreiben. Natur-
> schwärmer sind mir so makaber[1] wie alle Sektierer[2]. Ich fand jedoch,
> wir verloren [...] ein bisschen aus den Augen, dass der Mensch selber
> ein Produkt der Natur ist und dass er sich selber vernichtet, wenn er
> sie in urbanistischer[3] und pseudofortschrittlicher[4] Überheblichkeit
> misshandelt und missbraucht."[5]

1983 erschien der erste der **drei Bände des Romans *Der Laden*,** 1987 der
zweite und 1992 der dritte. Als der erste Band erschien, schrieb Strittmatter:

> „In meiner Heimat (in der Niederlausitz, im Südosten der DDR) wird
> nachgeforscht: Wer ist wer? Und man kommt dabei zu falschen
> Schlüssen und behauptet, ich hätte diesem und jenem und solchen et-
> was angedichtet, was sie nicht getan haben. Und sie bestehen darauf,
> dass sie die im Roman vorkommenden Leute erkennen, vor allem sich
> selber. Und es kommen Leserbriefe, in denen angefragt wird, wie viel
> Prozent von dem, was ich aufschrieb, auf Wahrheit beruht, und wie
> viel Prozent erdichtet, um nicht zu sagen erlogen, sind. Ich antworte
> diesen Lesern hiermit: Wahrlich, ich sage euch, dieses Buch da und
> dieses Buch hier enthalten neunzig Prozent Wahrheit und zehn Pro-

---

1 *makaber:* unheimlich, Schrecken erregend
2 *Sektierer:* Abweichler
3 *urbanistisch:* an die Stadt gebunden
4 *pseudofortschrittlich:* scheinbar fortschrittlich
5 Günter Schubert: Nachwort zu Erwin Strittmatter: Damals auf der Farm. Leipzig: Reclam
1984, S. 265

zent Erlogenes. Ich sage absichtlich Erlogenes, weil jene Leser den Unterschied zwischen Dichtung und Lüge nicht anerkennen."[1]

Auch im *Laden* geht es um die Welt der kleinen Leute in der Niederlausitz. Die Familiengeschichte Esau Matts beginnt 1919 und endet mit dem dritten Band in den 90er-Jahren des 20. Jahrhunderts. Die Kaiserzeit, der Erste Weltkrieg, die Weimarer Republik, die nationalsozialistische Zeit, der Zweite Weltkrieg, die sowjetische Besetzung, die Zeit der DDR und die deutsche Vereinigung 1990 sind der historische Hintergrund, auf dem sich die Schicksale der Familie Matt, ihrer FreundInnen und GegnerInnen, ihrer Verwandten und NachbarInnen entfalten.

Am Ende des dritten Bandes von *Der Laden* heißt es:

„Das Neue ist das Alte, das nur seine Form ein wenig veränderte, damit man es nicht gleich erkennt. Wieder stehen auf dem Dorfanger[2] wie zum Ende der zwanziger Jahre Arbeitslose umher und vertreiben sich die Zeit mit ketzerischen Reden gegen die Selbstherrlichkeit der Politiker, und bald wird man nach dem starken Mann rufen, der die Krämer aus dem Tempel treibt und einen Arbeitsdienst für die Arbeitslosen erfindet und die Räuber und Diebe von den Straßen fegt. Ich lebe schon zu lang und sehe, wie sich dies und das im gesellschaftlichen Leben mit kleinen Abänderungen wiederholt. [...] Seit ewig versuchen die Menschen auf der Erde reibungslos in Gesellschaft zu leben, aber es gelingt ihnen nicht, doch sie versuchen und versuchen es wieder. Wäre es nicht gut, alles Bedenken beiseite zu schieben und sich dem Kosmos anzuvertrauen? [...] Ich weiß, was auf meinem Grabstein stehen wird: Löscht meine Worte aus und seht: Der Nebel geht über die Wiesen [...] Worte aus dem Werk meiner Gefährtin. Aber nichts ist sicher. Ich weiß, dass in dem Augenblick, an dem ich mich verwandle, mir alles gleichgültig sein wird: Stein und Grab-Inschrift, aber noch kann ich nicht verhehlen, dass es mir angenehm ist, zu wissen, wo ich dereinst liegen werde. Auch das vielleicht – eine Utopie."[3]

Erwin Strittmatters letztes Buch, *Vor der Verwandlung*, erschien 1995, ein Jahr nach seinem **Tod am 31. Januar 1994.**

---

1   Klappentext zum „Laden", Teil II. Berlin – Weimar: Aufbau Verlag 1987
2   *Dorfanger:* Dorfwiese
3   Erwin Strittmatter: Der Laden, Teil III. Berlin – Weimar: Aufbau Verlag 1992, S. 462–464

ERWIN STRITTMATTER ÜBER SICH SELBST UND DIE WELT

Als ich ein Kleinkind war, waren die Tiere meine Brüder und ihre Stummheit war keine Verständigungsgrenze zwischen uns, denn ich verständigte mich mit anderen Kleinkindern ohne Worte.

Als mein Bewusstsein wuchs, wuchs die Ferne zwischen mir und den Tieren, doch als ich älter wurde und die Überheblichkeit überwand, mit der mich mein Bewusstsein von meinem Ich geschlagen hatte, fand ich die Wurzeln wieder, die mich mit den Tieren verbinden.

Das Land meiner Kindheit liegt nicht irgendwo; es liegt in mir; niemand hat es mir genommen, nur der Weg dahin ist schwer zu finden.

„Wir erobern den Weltraum", les ich in unseren Zeitungen. Das Wort erobern klingt mir verdächtig.

Wie viel Schindluder wird mit dem Begriff Freiheit getrieben! Und das hält an. Wahr aber blieb durch alle Zeiten, dass ich am freiesten bin, wenn ich wenig wünsche, aber der Gesellschaft viel gebe.

Ich will mich davor hüten, den Lesern meine Bücher aufzuschwatzen, auch will ich mich davor hüten, etwas in meine Bücher hineinzugeheimnissen. Aber lieb wäre mir, wenn einige Leser, die auf das stoßen, was ich aufschrieb, ganz für sich sagen würden: Das ists, was auch ich dachte, ohne es ausdrücken zu können; der da hats mir abgenommen.

Für mich wars ein Fortschritt, als ich erkannte, dass der Fortschritt, von dem wir immerfort reden, Grenzen hat.

Es muss still in mir sein, wenn ich hören will, was nicht gesagt wird. Ich muss fest stehen, wenn ich wahrnehmen will, wie sich alles bewegt.

Was ich nicht seh, das glaub ich nicht, sagte der unklügste meiner Freunde. Du, sagte ich ihm, mancher hat den Krebserreger nicht gesehen und musste doch dran glauben.

Eine zu wenig gerühmte Tugend scheint mir die Ausdauer zu sein.

Die Welt ist mir ein kaltes Haus ohne die gleichmäßige Wärme jenes Ofens, den man Liebe nennt.

Ich will auf jeden neuen Tag neugierig sein und den Morgen eines jeden Tages feiern.

Als wir den ersten Baum fällten, damit sein brennendes Holz uns wärme, wähnten wir, der Holzvorrat der Erde sei unerschöpflich.

Als wir die erste Rakete ins All schossen, um unser Wissen von den Sternen zu erweitern, wussten wir, dass die Materie, aus der unsere Erde besteht, nicht unerschöpflich ist …

Als Kraftfahrer fahre ich schon geraume Zeit nicht mehr nach eigenem Ermessen. Ich bilde es mir nur ein. Ich fahre nach den Hinweisschildern der Verkehrsüberwachung.

Es gibt auch auf anderen Lebensgebieten solche „Hinweisschilder". Was tue ich noch nach eigenem Ermessen?

In der Morgendämmerung atmete ich den Gesang der Heidelerche ein. Ich wusste nicht, ob es die erste Morgenstrophe oder die letzte Nachtstrophe der kleinen Lerche war, aber der Gesang tötete den Zorn über „verlorene Zeit" in mir: Ob erste Tagstunde, ob letzte Nachtstunde – es ist jederzeit möglich, Entscheidendes zu tun, sogar noch einen Tag vor dem Tode, sagte ich mir.

Ich will nur noch aufschreiben, was ich wirklich sehe, und ich will aufschreiben, was ich wirklich weiß, und ich will aufschreiben, was ich wirklich fühle. Das ist nicht leicht, aber ich hoffe, damit aufzuschreiben, was nur ich aufschreiben kann.

Leute enttäuschen mich; ich enttäusche Leute, aber ich kann aus diesem Umstand nicht die Unzulänglichkeit der Menschheit ableiten. Was ich charakterlich zu wenig hab, hat ein anderer die Fülle und umgekehrt.

PONY PEDRO

Die Stadt wurde mir zu eng

Ich bin unter großen Waldwinden, im Sonnengedröhn hoher Sommertage, im ätzenden Feldfrost und bei verschwenderischen Frühlingen aufgewachsen. In meinen Kinderkorb guckten Kühe. Meine ersten Anzüge, die Windeln, waren in die Sprühtröpfchen schnaubender Pferde gehüllt.

5 Es fügte sich in meinem hartbunten Leben, dass ich mit vierzig Jahren in der modernsten Straße unserer Hauptstadt zu wohnen kam. Unten auf der breiten, zweiteiligen Straße rasselten die Autos, während ich hoch oben im sechsten Stock ein Buch über den schweren Anfang der neuen Bauern nach dem großen Kriege schrieb. Ich wurde inne, dass meine Landsehnsucht in
10 dieses Buch floss.

Ein Schriftsteller kann nicht unausgesetzt schreiben, diskutieren und Kunst genießen. Er muss die unsichtbaren Schränke, aus denen er den Rohstoff für seine Arbeit nimmt, mit neuen Erlebnissen füllen. Bei mir kam das Verlangen nach körperlicher Arbeit hinzu. Ich schleppte Erde von den Bau-
15 plätzen in meine Stadtwohnung. Auf dieser Erde siedelte ich eine Menge Zimmerpflanzen an. Ich hielt einen Hund, eine Katze, doch die Sehnsucht nach dem Landleben nahm damit nur zu. Die großartigen Blumen- und Rasenanlagen in unserer Straße söhnten mich nicht aus. Die Stadt wurde mir zu eng. Ich fühlte den Tag kommen, an dem ich nicht mehr würde schreiben
20 können.

Kate[1], Quecken und Katzenpfötchen

Als die Honorare für mein neues Buch eingingen, wähnte ich mich reich und kaufte ein Häuschen in einem abseitigen Dorf zwischen Wäldern und Seen.

Durch diesen Kauf wurde ich arm an geldlichen Mitteln, doch reich an
25 Rohstoff für meine Schriftstellerwerkstatt. Auf dem Dorfe kennt jeder jeden. Die Lebenswege der Menschen liegen vor dir ausgebreitet. Du kannst verfolgen, ob sich deine Nachbarn vor dem, was sie Schicksal nennen,

---

1 *Kate:* armselige Hütte

14

ducken oder ob sie ihr Leben in die Hände nehmen und das Scheingotteskind Schicksal entmachten.

Mein Haus auf dem Lande ist kein Landhaus. Unter uns gesagt: Es ist eine Kate. Kein Mensch im Dorf wollte sie kaufen. In den Lehmwänden dieser
5 Kate heckten die Flöhe. Das Scheunendach war eingebaucht, das Gebälk des Dachstuhls morsch und die Ziegel waren mürb. In den ersten Nächten, da ich auf dem Heulager schlief, konnte ich durch die Löcher des Scheunendachs siebenhundertundachtundvierzig Sterne zusammenzählen. An die Giebelwand der Scheune war ein anderes Häuschen geklebt, ein Vogelhäu
10 schen. Die einzige Sitzgelegenheit darin hatte ein rundes Loch. In der Stadt ist sie aus Porzellan. Keramik sagt man auch dazu.

Zum Häuschen gehört etwas Land. Das Land ist schlecht. Nicht einmal den Freunden von der landwirtschaftlichen Produktionsgenossenschaft[1], denen sonst mancherlei zugemutet wird, verdachte man es, als sie das Land
15 nicht nehmen wollten: acht Morgen[2] gelber Sand, drei Morgen Moorwiese, ein Morgen Garten.

Die Leute ringsum nennen das Brachland hinter meinem Häuschen – den Kiesberg. Einer meiner Vorgänger hatte den Einfall, diesen Kiesberg fuhrenweise zu verkaufen. Er erntete nichts als Gelächter. So erntete er auf dem
20 Sand wenigstens etwas. Nur gut, dass es mit dem Kiesverkauf nicht klappte, sonst lägen jetzt hinter meinem Häuschen acht Morgen Loch. Ein Berg ist mehr als ein Loch. Für Augen mit Goldrändern gibt's keine Armseligkeit in der Natur. Mein Kiesberg strengt sich im Frühling an wie alles hier ringsum. Im Vorsommer bringt's der Kies sogar zu Blumen. Im Juli stehn auf meiner
25 Brache die schönsten Katzenpfötchen[3]. Sie sind so still und gelb, so katzenweich und so beständig. Wo ein günstiger Wind etwas Mutterboden anwehte, wächst auf meinem Kiesberg die Quecke. Sie ist mir nicht mehr so unsympathisch, seit ich weiß, dass sie imstande ist Ähren zu tragen. In der Sow-

---

1 *Landwirtschaftliche Produktionsgenossenschaft (LPG)*: Seit Ende der 50er-Jahre schlossen sich die Bauern und Bäuerinnen in der DDR zu gemeinschaftlicher Produktion zusammen. Es gab drei Typen von LPGen, je nach dem Umfang des gemeinschaftlichen bzw. persönlichen Eigentums.
2 *Morgen:* veraltetes Flächenmaß; ursprünglich das Land, das ein Gespann an einem Morgen pflügen kann
3 *Katzenpfötchen:* weiß und rosa blühender Strauch

jetunion[1] hat man sie mit Weizen gekreuzt. Wer weiß, vielleicht sind alle Unkräuter zur Nützlichkeit zu erziehen, wenn man's richtig anpackt.

Was der Heuduft bei mir anrichtete

Wir schnitten auf unseren Moorwiesen das Grummet[2] und trockneten es auf Reutern[3].

5 „Wat solln die kleinen Heuhäuschen nu?", fragte die Bäuerin Ziegenspeck aus dem Dorf. Ihr Mann erklärte es ihr: „Dat sin Stadtleut. Se denken, dat Heu muss hoch und vornehm upp einen Dach gedrögt[4] werden." Danach lachten die beiden Ziegenspecks unverschämt.

Zuletzt lachten wir. Es regnete viel diesen Spätsommer. Unser Reu-10 ter-Heu kam hellgrün, locker und zart in die Scheune. Der Heuduft erregte mich. Ich ging in den alten Pferdestall und fegte die Spinnweben von der Krippe[5]. Eine Leidenschaft, die ich jahrelang unterdrückt hatte, packte mich. „Ein Pferd muss her!", sagte ich.

Meine Frau ist klug. Sie behandelt mich wie einen großen Jungen. Ein 15 kleiner Junge kann zur Not auf einem Stock reiten, schnauben, wiehern, hü und hott rufen, Pferd und Kutscher in einer Person sein. Ein großer Junge muss ein richtiges Pferd haben.

„Hol dir ein kleines, ein geschecktes Zirkuspferd", sagte meine Frau. Ich umarmte sie.

---

1 *Sowjetunion:* UdSSR (Union der Sozialistischen Sowjetrepubliken); 1922–1991: Nach der russischen Oktoberrevolution und dem Bürgerkrieg 1917–1921 schlossen sich 1922 Russland, Weißrussland, die Ukraine und die Transkaukasische Föderation zur UdSSR zusammen, der sich 1924 Usbekistan, 1925 Turkmenistan und 1929 Tadschikistan anschlossen. Am 31. Dezember 1991 hörte die UdSSR auf zu bestehen. Auf ihrem Territorium schlossen sich Russland, die Ukraine und Weißrussland zu einem losen Staatenbund, der Gemeinschaft Unabhängiger Staaten (GUS) zusammen; diesem schlossen sich auch acht nichtslawische Republiken an.

2 *Grummet:* das Heu aus einer zweiten Ernte

3 *Reuter:* Gerüst zum Trocknen von Grünfutter

4 *drögen:* trocknen (niederdeutscher Dialekt)

5 *Krippe:* hier: Futterbehälter

Mutter Duduleits Telefon

Ich konnte nicht warten, bis ein Zirkus in unser Walddorf kommen würde. Hierher verirrt sich keiner. Meine Pferdeleidenschaft aber gab sich nicht mehr mit einem leisen Pochen zufrieden. Sie feuerte nach allen Seiten aus. Eines Tages las ich eine Anzeige in der Bauernzeitung.

5 Ich radelte ins Dorf. Den Posthalterdienst versieht Mutter Duduleit. Sie versieht ihn seit dreißig Jahren. Sie ist streng. Die Post ist gewissermaßen ihr angestammtes Eigentum. Mutter Duduleit hatte nicht die beste Laune. Es war keine Telefonierzeit. Telefonierzeit ist nur morgens und nachmittags, wenn das Postauto kommt, eine Weile. Es sei denn, deine Kuh wird krank, es
10 brennt oder eine Wöchnerin benötigt die Hebamme. Nichts davon war bei mir der Fall. Ich kramte all meine Freundlichkeit aus den Herztaschen.

„Bitte recht höflich ausnahmsweise um ein Telefongespräch. Es handelt sich um ein Pferd."

Mutter Duduleit gab den Weg frei. „Is dat Peerd[1] krank?"

15 „Noch nicht", sagte ich und wählte bereits am Apparat. Es tütelte im Hörer und die ersten fünf Minuten von der Viertelstunde, die das Amt benötigt um sich zu melden, waren verstrichen. Mutter Duduleit kniff ein Auge zu

---

1 *Peerd:* Pferd (niederdt. Dialekt)

und musterte mich ein wenig verächtlich von der Seite. „Hest du überhaupt een Peerd?"

„Es ist so gut wie unterwegs", log ich. Mutter Duduleit wollte wieder was fragen, da meldete sich glücklicherweise das Amt. Die alte Posthalterin wag-
5 te nicht weiterzureden. Das Postamt in der Kreisstadt ist für sie die höchste amtliche Stelle in der Republik.

Im Hörer mummelte das Fräulein vom Kreispostamt mit einem Mund voll Frühstücksbrot: Man werde mich wiederrufen, wenn die Verbindung hergestellt sei. Ich fürchtete Mutter Duduleits Fragen und behielt den Hörer
10 am Ohr. Mutter Duduleits Blicke brannten mir Löcher ins Rückenteil der Lederjacke. Endlich bekam ich Verbindung mit dem Verkäufer des Ponys in einem mecklenburgischen Städtchen. Eine Frau sprach. Der Chef sei nicht da. Das Pony sei, so viel sie wisse, noch nicht verkauft. Ich könne ja kommen. Ansehen koste nichts.
15 Mutter Duduleit kassierte die Gebühren, leckte den Bleistiftstummel an, schrieb das Gespräch ein, ächzte bei jedem Buchstaben und zischte mir aus dem Mundwinkel zu: „Dat war dat letzte Mal außer der Telefonierzeit, segg ick dir[1]!"

Und es war das erste Mal, dass ich für mein Pony log.

Als ich Pedro zum ersten Mal sah

20 Auf dem Hofe des Ponyverkäufers kreischte eine Kreissäge, eine Hobelmaschine seufzte dazu. Holzduft ringsum.

„Eine Tischlerei?"

„Ein Beerdigungsinstitut, Herr."

Und da sah ich sie schon: Särge, Särge ... Särge, jene kleinen Stuben für die
25 Reise ins Unbekannte.

„Ich will den Ponyhengst sehn."

Der Meister brachte mich in den Stall. Dort war es dunkel. In meinem Eifer rannte ich zu einem Verschlag aus schön gehobelten Kiefernbrettern. Was war das? Ich hielt mir die Nase zu. Im Verschlag lag der zottelköpfige
30 Ziegenbock des Meisters. Das Pferd stand auf der anderen Stallseite. Was für ein kleiner, flinker Brandfuchs[2]! Der Bocksgeruch störte mich nicht mehr. Ich betätschelte und beklopfte das Pferdchen, hob ihm die Beine hoch, be-

---

1 *segg ick dir*: sag ich dir (niederdt. Dialekt)
2 *Brandfuchs:* rotbraunes Pferd

18

fühlte die Fesseln[1], kratzte an den Hufen. Im Pferdemaul standen die Zähne gleichmäßig wie die Körner im Maiskolben. Ich las an ihnen den Geburtstag des Tieres ab. Auf einmal war ich kein Stadtmensch mehr. Ich war wieder der Junge, der dem Großvater auf dem Pferdemarkt ein billiges Arbeitspferd kaufen hilft. Ich war der Pferdepfleger von einst, der aus struppigen Weidefohlen ansehnliche Traber, Reit- und Wagenpferde macht.

Der kleine Hengst – wie er den Kopf hob! Wie er wissen wollte, wer ich wäre! Das war kein Struppkerl. Das war ein fellbespanntes Bündel Energie. Das war Temperament bis in die Wolken hinein.

1 *Fessel:* Pferdefußgelenk

Auf dem Hofe prüfte ich den Schritt, den Trab und den Galopp des Hengstleins, hielt ihm die Feueraugen zu, prüfte seinen muskulösen Hals, seinen Kehlgang, ließ ihn wieder in den Stall bringen und veranlasste ihn hastig zurückzutreten. Die alten Pferdehändlerkniffe, die mich der Großvater gelehrt hatte, waren nicht vergessen. Zuletzt kroch ich dem Pferdchen zwischen die Beine, kroch unter dem Bauch durch, um seine angepriesene Tugend zu prüfen. Der Hengst gefiel mir, doch ich sagte das nicht. Ich tadelte: „Hinten ein wenig eng gestellt. Im Rücken zu weich." Ein Pferd, das man lobt, verteuert sich von Minute zu Minute. Der Verkäufer schlägt für jedes Wort fünfzig Mark auf. Man bezahlt seine eigenen Lobsprüche; ein uraltes Gesetz beim Pferdehandel. Auf unseren staatlichen Pferdemärkten verliert es mehr und mehr an Gültigkeit, doch leider werden dort Kleinpferde nicht gehandelt.

„Ich kauf das Pferdchen trotz der Fehler, Gevatter Tischlermeister", sagte ich. „Aber billig muss es sein!" Mein Herz pochte eine andere Sprache: Den Hengst musst du haben, den Hengst musst du kriegen ... so pochte mein Herz. Der Tischlermeister schaute mich lächelnd an. „Das Pferd ist verkauft, gestern telegrafisch verkauft, Herr."

Ich sah den kleinen Hengst an. Seine Mut-Augen blinkten unter der breiten Stirnmähne hervor.

Weshalb ich ein schlechter Pferdehändler war

Hagel fiel in meine blühenden Wünsche. Der Tischlermeister erklärte mir, weshalb er das Pferd verkauft hätte. Nach neunzehnhundertfünfundvierzig, das sei eine gute Zeit für ihn gewesen – Leichen ringsum. Särge, Särge seien gebraucht worden – ein glänzender Absatz. Dann sei der Typhus gekommen und manch andere merkwürdige Krankheit. Wieder seien Särge und nochmals Särge benötigt worden. Jetzt habe das Geschäft nachgelassen. Man müsse sich umtun nach Leichen und den Geschäftskreis erweitern.

Ein Pferd habe einen zu kleinen Radius. Ein Auto müsse her. Der ausgefranste schwarze Schlips des Tischlermeisters hing schief und traurig im Jackenausschnitt.

Mir wurde unheimlich. Da stand ein Mensch, der vergangenen Zeiten voll Tod und Krankheit nachtrauerte. Was Geschäfte aus einem Menschen machen können!

20

Der Tischlermeister hob seinen Trauerkopf. „Ihre Anfrage war sehr nüchtern, Herr. So amtlich, so Telefon. Der Mann, dem ich den Hengst gab, schrieb einen Brief. Er glühte vor Pferdeliebe."

In meinem Rucksack klirrte leise das Halfterzeug[1]. Ein trauriges Geklim-
5 per. Ich wurde beredsam wie ein wirklicher Pferdehändler. Ich nahm alles zurück, was ich Abträgliches über den Hengst gesagt hatte. Was für einen glühenden Brief hätte ich schreiben können! So verhält sich natürlich kein Pferdehändler. Ich war ein Junge, der zu seinem Pferde kommen wollte. Eine kleine Aussicht blieb mir: Noch hatte der Mann mit dem „glühenden
10 Brief" die Kaufsumme nicht überwiesen. So literarisch verbildet war der To-
tenhändler nicht, dass ihn der tierliebe Brief auch von der Zahlungsfähigkeit des Käufers überzeugt hätte. Wenn die Kaufsumme in drei Tagen nicht eingetroffen sein würde, sollte mir das Vorkaufsrecht eingeräumt sein. So gnä-
dig war der Herr Tischlermeister mit mir.

Wie mich der Aberglaube überfiel

15 Daheim hämmerte und sägte ich, baute eine Heuraufe[2] und kalkte den Pferdestall. Wenn ich mich unbeobachtet wähnte, klimperte ich ein wenig mit der Anbindekette[3]. Ich machte mir Pferdemusik. Um meinen Roman kümmerte ich mich nicht. Den Romanhelden ließ ich in seinen größten Schwierigkeiten sitzen. Mein Held war jetzt der Pony-Hengst Pedro.
20 So verging der erste Wartetag.

Ich steckte Heu in die neue Raufe. An den geweißten Deckenbalken über der Stalltür nagelte ich einen langen, roten Schal, den ich im Walde gefunden hatte.

„Was soll das?", fragte meine Frau.
25 „Nur so", sagte ich.

Meine Frau sah mich an und wusste, was mit mir los war. „Sehr schön. So ein bisschen wie Zirkus", sagte sie. „Telefonier doch und frag, ob der Hengst bezahlt wurde."

Zu Mutter Duduleit konnte ich nicht telefonieren gehen. Die Habichts-
30 blicke! Ich radelte sieben Kilometer durch den Wald in die kleine Stadt.

---

1 *Halfterzeug*: Zaumzeug, Pferdegeschirr, das dem Tier angelegt wird, wenn es einen Wagen ziehen soll
2 *Heuraufe*: Behälter für das Heu im Pferdestall
3 *Anbindekette*: Kette, mit der Pferde im Stall befestigt werden

21

Das Pferdegeld aus Thüringen sei noch nicht eingetroffen, vernahm ich am Telefon. Meine Aussichten stiegen. So verging der zweite Wartetag.

Eine Häckselmaschine hatte mir der Vorgänger nicht dagelassen. Ein Pferd braucht Häcksel aus rauhem Stroh, sonst schlägt der beste Hafer bei
5 ihm nicht an. Der Magen des Pferdes ist auf das dürre Steppengras seiner Urheimat eingestellt. Ich hackte Stroh mit der Axt zu Häcksel. Eine feine Häckselmaschine war ich! Beim Graben im Garten fand ich ein Hufeisen. Ein alberner Aberglaube bemächtigte sich meiner. Ich war durch das gespannte Warten geschwächt. Das Hufeisen hängte ich bei der Pferdestalltür
10 auf. Glück zu denn! So kommt man herunter, wenn man sich von Leidenschaften zwacken lässt.

Der dritte Wartetag verging.

Der Pferdekauf

Der Tischlermeister schüttelte den Kopf. Er wollte das Pony noch nicht hergeben. Noch einen Tag wollte er auf das Geld aus Thüringen warten. Sei-
15 ne übertriebene Ehrsamkeit quälte mich. Ich logierte mich in der mecklenburgischen Stadt ein. An Schlaf war diese Nacht nicht zu denken. Ich hatte den kleinen Hengst wiedergesehn.

Am nächsten Mittag fiel meine Hand knallend in die des Tischlermeisters. Der Handschlag ist bei Pferdekäufen von alters her wie die Unterschrift un-
20 ter einen Kaufkontrakt. Das Kauftelegramm aus Thüringen war kein Handschlag, wie sich zeigte.

„Man wollte mich betrügen, wieder betrügen", murmelte der Tischlermeister. Sein Trauerschlips hing matt unter dem Hemdkragen. „Der Mann mit dem ,glühenden Brief'?"
25 Der Tischlermeister erzählte: „Vor drei Jahren war's, da kaufte ein Mann aus Thüringen den Bruder von Ihrem Hengst da, Herr. Ich schickte das Pferdchen mit einem Begleiter hin. Der Mann in Thüringen gab dem Begleiter zehn Mark Zehrgeld und nahm ihm das Pferd ab." Der Tischlermeister zupfte an seinem Trauerschlips. „Es gehört zu meinem Gewerbe, still und geduldig zu
30 sein, Herr, aber der Lump schickte das Kaufgeld nicht." Der Meister klopfte auf die Börsentasche seiner Hose. „Ich mahnte. Er vertröstete mich. Ich mahnte wieder. Er vertröstete mich wieder. Ich fuhr nach Thüringen, um

22

mein Pony zurückzuholen. Aber es gab ein Gesetz: Kleinpferde durften aus Thüringen nicht ausgeführt werden.

Kleinpferde sind dort begehrt wie Heinzelmännchen im Haus. Bedenken Sie die Äckerchen an den Berglehnen, die kein Traktor betun kann, Herr.
5 Der Hundesohn gab mir ein paar Mark, um ‚guten Willen' zu bekunden, und vertröstete mich auf später. Das Pferdchen ist bis heute nicht bezahlt, Herr."

Der Tischlermeister zupfte einen schwarzen Faden, ein Trauerhaar, aus seiner Krawatte. „So ist das!"

„Große Pferdeliebe und kleines Geld", sagte ich.
10 „Ein Gauner, Herr, der sich hinter dem Gesetz versteckte."

Die Hengstparade

Eine feingliedrige Kleinpferdstute zog einen Dogcart[1]. Auf dem Dogcart lagen Stroh und Heu. Im Heu saß wie in einem Nest ein alter Mann. Seine eingefallenen Wangen waren voll grauer Bartstoppeln. Es war der Altgeselle[2] des Tischlermeisters. Hinter dem Dogcart führten zwei Männer den Klein-
15 pferd-Hengst Pedro. Pedro wollte nach vorn zur Stute. Die Stute war seine Schwester. Der Hengst trug seinen Schweif in kühnem Bogen aus schwarzen, drahtharten Haaren. Die Hengstaugen karfunkelten, die Ohren spielten, die Nüstern leuchteten rot auf, wenn die Nachmittagssonne hineinfiel. Die Männer mussten sich stemmen, um Pedro zu halten.
20 Ein Stück hinter dem Hengst ging der Tischlermeister. Er trug eine weiße Leinenjacke. Am Jackenausschnitt grämelte sein schwarzer Totenschlips. Der Meister ging langsam, wie man hinter einem Sarg hergeht. Neben dem Meister ging seine freundliche Frau in einem groß geblumten Sommerkleid. Hinter dem Meisterpaar stakte ich einher. Hengstparade! Ein Umzug durch
25 die engen Straßen der kleinen Stadt. Pedro tänzelte und erntete anerkennende Blicke. Er ließ seine Hengsttrompete erschallen und eine alte Frau spuckte verschreckt dreimal in die Gosse. Wie gern hätte ich den kleinen Hengst selber durch die Stadt geführt; allein, der junge Geselle und der Kutscher des Tischlermeisters ließen es sich nicht nehmen, ihren Freund Pedro eigenhän-
30 dig zum Bahnhof zu führen. Pedro hatte die Frühstückspausen der Männer vom Beerdigungsinstitut mit seinen munteren Sprüngen gewürzt.

---

1 *Dogcart:* offener zweirädriger Pferdewagen
2 *Altgeselle:* rangältester Geselle in einem Betrieb

Mir fiel der Ausspruch eines griechischen Weisen ein: Es ist noch lang
nicht schön und anmutig, wer ein schönes und anmutiges Ross durch die
Straßen reitet. So oder ähnlich las ich es bei Epiktet[1]. Aber der Mensch be-
wundert die Weisheit des Weisen und macht sie doch nicht zu seiner eige-
5 nen. Er sündigt gegen sie. Es wäre eine schöne Sünde, Pedro durch die kleine
Stadt zu führen.

Rückwärts ins Dunkel

Der Bahnwaggon stand an der Verladerampe. Das Pony sollte über eine
Brettbrücke von der Rampe in den Waggon. Es wollte nicht. Die Wag-
gonöffnung war ein Abgrund, der nach alten Fischen stank. Wir brachten
10 Stroh und Heu in den dunklen Wagen, um den Fischgeruch zu übertünchen.
Pedro wollte trotzdem nicht. Ich sah zum ersten Mal, wie er sich bäumte und
auf die Hinterhand stellte. Er bebte. Er riss die Nüstern auf. Die lange Mähne umflatterte seinen geschwellten Hals. Der Gott der Wälder! dachte ich.
Als ich noch der Heidedorfjunge war, träumte ich von ihm: Ein schwarzes
15 Pferd, das auf zwei Beinen einherstampft.
Wir wendeten Pedro. Er beruhigte sich. Seitab stand seine Schwester, die
kleine Stute, und fraß den Rest des Reiseheus. Pedro sah den Weg, auf dem es
in den Stall ging. Er wieherte seiner Schwester zu. Dabei stießen wir ihn
rückwärts sanft in den Waggon. Die Wagentüren wurden zugeschoben. Von
20 zwei Seiten überfiel Pedro die Nacht. Überlistet. So geht's auch dem Menschen zuweilen; er geht rückwärts und die Nacht überfällt ihn.
Die Waggontüren wurden wieder auseinander geschoben. Das Licht des
Spätsommer-Nachmittags floss in den Wagen. Pedro war angebunden. Er
schnarchte erregt. In seinen Augen saß Angst. Er zerrte an der Kette und ließ
25 seine Hinterhufe gegen die Waggonbohlen poltern. Er scharrte und stampfte mit den Vorderhufen, doch die wohlgefügten Bretter des Reisegefängnis-
ses gaben nicht nach. Da stieß der Gefangene hilflos in seine Hengsttrompete. Er wieherte nicht aus Lebenslust; er warnte die Herde „Gefahr! Gefahr!"
Pedros Herde bestand nur aus der dünnbeinigen Schwester draußen auf der
30 gepflasterten Verladerampe. Die Stute hob den Kopf und wurde unruhig.
Der Warnruf des Hengstes befahl: „Flucht!"

---

1 *Epiktet:* ca. 55–135 n.Chr.; griechischer Philosoph

Das Gewieher des Hengstes schien das Hirn der Stute nicht zu berühren; es war, als hätten es die Ohren sogleich in die Muskeln und Sehnen geleitet. Die Stute sprang an, wollte fliehen. Der Kutscher riss sie am Zügel zurück. Hier war nicht die Steppe, hier war nicht die Prärie. Die Frau des Tischler-

5 meisters schob Pedro Brot ins weiche Maul. Sie weinte. Worüber eigentlich? Über den „zu kleinen Radius des Pferdes"?

Ich werde ein Frachtstück

Die Lokomotive machte allem Getätschel, allen fragwürdigen Tränen ein Ende. Puffer schlugen gegen Puffer; ein Rütteln, als ob die kleine Waggon-welt untergehen sollte. Pedro verschreckt; ich verschreckt. Um ein Kleines

10 hätte ich Bekanntschaft mit den trommelnden Hinterhufen des Hengstes ge-macht. Von der Waggonwand fielen Holzsplitter.

„Lass das, Pedro! Wirst dir kein Loch in die Freiheit trommeln. Willst du das erste Pferd sein, das mich schlägt?" Der Hengst lauschte. Ich verzierte meine Stimme mit Zuckerstücken.

15 Beim Anfahren stürzte ich über einen Heuballen. Pedro fiel auf die Seite, sprang auf und stemmte sich gegen die Fahrtrichtung. Er sah meine zappeln-den Beine. Auf dem Rücken liegend war ich etwas Gefährliches für ihn. Er schnarchte, zerrte an der Kette, rollte die angstrunden Augen und schlug um sich, bis ich mich aufgerichtet hatte und kein zappelndes Spukwesen mehr

20 für ihn war.

Bis wir einrangiert waren, hatten wir unzählige Püffe und Preller hinter uns. Dann klirrte die Koppelkette des Waggons. Die Rangierlokomotive stampfte davon. Es wurde still. Ich hörte das Gezeter der Bahnspatzen. Der Zugführer zählte die Achsen des Güterzuges. Seine Schritte hallten durch die

25 Waggongassen. Die Abendsonne floss durch den Türschlitz. Sie legte einen sattgelben Saum über die grauen Waggonbohlen. Ich tastete nach meinem Rucksack, holte Brot und Speck hervor. Pedro knabberte Heu. Mann und Pferd mahlzeiteten. Wie alt mag dieses Bild sein?

Weshalb lag ich hier im Heu und saß nicht daheim am Schreibtisch? Mei-

30 ne Pferdeleidenschaft hatte mich verführt. Das war gut so. Wäre ich sonst je-mals auf den Gedanken gekommen, mich wie ein Frachtstück verladen zu lassen? Ich erfuhr auf dieser Fahrt von den Reisewegen der Dinge und Tiere.

Pedro malmte im Heu – ein Geräusch, vertraut von vielen Nächten, die ich in Pferdeställen verbracht habe. Es schläferte mich ein. Dort stand mein kleiner Hengst, jawohl. Hier lag ich, sein einziger Bekannter weitum.

Als ich erwachte, rollte der Zug schon. Pedro hatte sich an das Schütteln
5 und Ruckeln gewöhnt. Er fraß Heu, dass es knallte und rumpste. Am Türschlitz funkelten Lichter vorüber. Die Nacht war da. Wenn wir durch einen Schwarm von Bahnhofslichtern rasselten, trat der Nachthimmel zurück. Die Sterne verstummten. Hinter den Stationen kam der Himmel wieder näher. Der Mond kugelte sich von seinem Waldlager. Der Große Wagen rollte dem
10 Waldsaum zu.

Der Mann mit dem Kaiserbart

Der Zug hielt. Laternen lichtelierten[1]. Hinter jedem Laternchen steckte ein Eisenbahner. Wie, wenn auch am Himmel hinter jedem Stern ein Laternenträger stünde? Bautz! Keine Zeit für Märchendichtungen. Rangierbahnhof. Unser Zug wurde auseinander gerissen. Dieser Wagen nach Rostock, je-
15 ner nach Gera und der da sonstwohin. Krachen und Scheppern. Noch einmal das Purzeln und Stürzen wie am Vortage. Ich schrie durch den Türschlitz eine vorüberpendelnde Laterne an: „Mann, siehst du den Warnungszettel nicht? Lebende Tiere!"

„Zu finster!", krächzte der alte Rangiermeister. Er hob seine Laterne und
20 leuchtete in unseren Wagen hinein. Da sah er das zitternde Hengstlein und schnalzte. Sein Kaiserbart über der dicken Oberlippe hüpfte hin und her. „Dein Pferdchen?"

„Vielleicht."

„Musst du doch wissen."

25 „Wie sollen wir Freunde werden, wenn du so grob rangierst?"

Der Bahner schnaufte durch den Bart: „Bist ein Gelehrter, wie? Sprichst hintenherum, was? Nimm den Kopf aus dem Türschlitz, Professor, gleich knallt's wieder."

Der Alte tappte nach vorn zur Lokomotive. Der nächste Aufprall war
30 mäßiger. Es wurde vorsichtiger und zuletzt fast sanft rangiert. Ich klopfte Pedro den Hals. Wir hatten Eindruck gemacht.

---

1 *lichtelieren:* flackern

Weshalb ich Blumen bezahlen musste

Die Sonne ging rot auf. Rosarote Wolkenkähne schwammen über den Himmel. Fünf Uhr morgens. Wir waren auf dem Güterbahnhof der Kreisstadt angekommen, doch nirgendwo auf der Station waren unsere Waggonpapiere zu finden. „Papiere erst um sieben Uhr, wenn der Dienst auf dem Güterbahnhof beginnt!" Oh, du bahnbürokratische Bequemlichkeit!

Wir luden uns eigenmächtig aus und schlichen davon. Hinter den Bahnschienen stieß Pedro in seine Hengsttrompete. „Da sieht man: Du hast keine Ahnung von der Bürokratie!" Pedro blies noch einmal. Triumphfanfare! Die Finsternis des Waggons war besiegt. Der Stationsvorsteher trat vor die Tür, fuchtelte und winkte.

„Da hast du es! Jetzt wird er uns zurückholen, dich durchpeitschen und mich wegen Missachtung bahnamtlicher Bestimmungen in ein Bremserhäuschen sperren, bis die Polizei eintrifft." Pedro schmetterte unbeeindruckt den dritten Tusch heraus. Da ging hinter uns die Bahnschranke herunter. Wir waren gerettet.

In der Stadt begrüßte Pedro das Shetland-Pony des Milchfahrers, die großen Pferde des Langholz-Fuhrmannes und die Fuchsstute aus der volkseigenen[1] Gärtnerei. Die knochige Liese stand vor einem Plattenwagen voll roter Pelargonien. Pedro beschnupperte und bebrummelte die Stuten-Tante. Sie schien ihm nicht zu gefallen. Die roten Pelargonien-Dolden gefielen ihm besser. Er fraß eine ab. Ich musste sie an Ort und Stelle bezahlen.

„Du ernährst dich, wie ich sehe, von erlesenem Futter." Pedro legte die Ohren an.

Traktor und Pferdefloh

Die Landstraße wand sich durch Felder. Der Ortolan[2] sang. Ein Schwarm Girlitze[3] begleitete uns, schwirrte auf, wenn wir heran waren, und ließ sich ein paar Bäume weiter nieder.

„Ein langer Mann und ein kleines Pferd", ziepelten die Girlitze. Sie brachten die Nachricht ins nächste Dorf. Die Bauern musterten uns. Sie gaben uns

---

1 *volkseigen:* Eigentumsform in der DDR, bezieht sich auf Staatsbetriebe
2 *Ortolan:* Sperlingsart
3 *Girlitz:* Singvogel

27

ihr Urteil und einen Glücksruf mit auf den Weg: „Gut Pferd, Meister! Glück zu!"

Das Gras im Straßengraben lockte. Ich ließ Pedro eine Weile fressen und setzte mich ins weiche, wehende Grün. Die Sonne begann zu hüpfen. Das
5 machten meine müden Augen.

Beim Schlafen glitt mir der Haltestrick aus der Hand. Als ich erwachte, weil mir ein Vogelklecks auf die Nase fiel, war Pedro nur noch ein dunkler Punkt hinten am Wäldchen. Gleich musste dieser Punkt bei der Straßenbiegung verschwinden.

10 „Pedrooo! Pedrooo!" Ich hätte ebenso gut die Girlitze bitten können, sich mir auf die Hand zu setzen. Ich war nichts als eine Reisebekanntschaft für Pedro; jene Reisebekanntschaft, der man im Wartesaal oder auf dem Bahnsteig noch einmal zunickt, bevor man weiterfährt. Ich würde in die Stadt zurückrennen und fragen müssen: „Hast du ein kleines Pferd gesehn,
15 Nachbar?"

„Hab eins gesehn. Es rannte zum Bahnhof, wollte den Zug nicht verpassen", würde es heißen.

Aber da sah ich, dass der Punkt hinten an der Straßenbiegung wieder größer wurde. Ich konnte schon galoppierende Pferdebeine erkennen. Pedro
20 kam zurück. Er preschte im Sommerweg. Der Staub flog. Ich breitete die Arme aus. Pedro hielt ein und machte sich am Grabenrand wieder ans Grasen. Ich konnte ihn greifen.

Meine kleinmenschliche Eitelkeit erwachte: Ich war für Pedro doch mehr als eine flüchtige Reisebekanntschaft. Blöff! Blöff! Ein dicker Traktor butter-
25 te heran und wies mich zurecht. Pedro war vor diesem Poltertier geflüchtet. Der Traktorist würdigte uns keines Blickes. Er spuckte in den gegenüberliegenden Straßengraben. Pferde sind für Traktoristen Überbleibsel aus einer fossilen[1] Zeit. Und Pedro ist für den Mann auf dem Traktor nicht einmal ein Pferd – ein Pferdefloh vielleicht. Meine Eitelkeit aber spielte schon wieder
30 mit den Ohren: Immerhin war ich Pedro sympathischer als ein Traktor.

---

1 *fossil:* vorgeschichtlich

Die Strickbremse

Im Pferdestand lag eine dicke Matte aus Sägespänen. Es duftete wie im Zirkus. Die Ziege Minna meckerte dem neuen Stallgefährten ihr Willkommen zu. Pedro stand steif vor der Tür. Er nahm eine Nase voll Stallduft und wendete sich zur Seite.

5 Meine Frau holte ein Handtuch. Wie gute Frauen so sind – sogar ein sauberes Handtuch. Mit dem Handtuch band Christa Pedro die Augen zu. Pedro wurde als „Blindekuh" im Hofe herumgeführt. Wir wollten ihn verwirren. Er sollte vergessen, wo die Stalltür war. Er vergaß es nicht. Seine Nase hatte das Sehen übernommen. Unsere Minna schien ihm nicht so gut zu duften

10 wie der Bock in seinem Heimatstall. Oder war die Stallschwelle zu hoch?

Wir breiteten Stroh über die Stallstufe. Pedro beschnupperte das frische Stroh. Er naschte davon und ging doch nicht in den Stall.

Wir nahmen Pedro die Augenbinde ab und schaufelten Erde über die Schwelle. Pedro beschnupperte die Erde und schnarchte. Auch unsere Erde gefiel ihm nicht. Also sollte er rückwärts in den Stall wie vor Tagen in den Bahnwaggon.

5 Auch diese List versagte. Pedro hatte gelernt. Er steuerte mit dem Hinterteil an der Stalltür vorbei gegen die Wand. Meine Geduld ging zur Neige.

Wir legten Pedro einen Strick ums Hinterteil. Die Frauen packten den Strick und stellten sich an Pedros Flanken auf. Ich stand im Stalleingang und lockte das widersetzliche Hengstlein mit einer Scheibe Brot.

10 Da, da, da! Pedro setzte das rechte Vorderbein in den Stall. Ich trat mit meinem Lockbrot zurück. Pedro war enttäuscht. Er wollte zurück in den Hof, aber da hielt ihn die Strickbremse der Frauen. Hinten Bremse, vorn Brot. Pedros Fressgier siegte. Er setzte das linke Vorderbein in den Stall. Mir fiel der Schlachtruf der Schildbürger ein, die ihren Ochsen zum Abweiden 15 zweier Grashalme aufs strohgedeckte Scheunendach zogen: „Zieht, zieht, er leckt schon!" Die Frauen treckten[1]. Wumps! Pedro war im Stall. Er zermalmte die Brotscheibe und stürzte sich dann aufs bereitgestellte Futter.

Konnte man Pedro die Widersetzlichkeit verübeln? Gibt's nicht auch Menschen, die störrisch vor neuen Verhältnissen stehn wie das Tier vor dem 20 neuen Stall? Muss man nicht auch manchen Zeitgenossen mit Überredung oder sanfter Gewalt an sein Glück heranzerren?

Pferdenarren

Der Sommer öffnete noch ein Sonnentor. Im Garten schaukelten dicke Äpfel an den Baumzweigen. Am Waldrand röteten sich die Berberitzen[2]. Der Storch zog mit seinen flüggen Jungen durch das Wiesental. Wir waren 25 fröhlich. Wo wir uns im Hause, auf dem Hofe oder im Garten bei der Arbeit trafen, lächelten wir uns zu. Das Lächeln hieß: Wir haben ein Pferdchen im Stall.

Christa klopfte sanft an meine Stubentür. Meine Gedanken sträubten sich wie die Federn eines Vogels, den man beim Brüten stört. Ich scharrte in mei-30 nen Manuskriptblättern.

Christa klopfte wieder. „Vater, Pedro hat geschnauft."

„Hat er geschnauft? Dann passt ihm etwas nicht."

1 *trecken:* ziehen (niederdt. Dialekt)
2 *Berberitze:* Sauerdorn, ein Zierstrauch

„Die Ziege Minna will von seinem Futter naschen."
Eine Weile kann ich schreiben, dann klopft meine Frau.
„Vater, Pedro hat gewiehert."
„Hat er gewiehert? Dann wird er Heimweh haben."
5 „Ich hab ihm das Heimweh mit etwas Brot vertrieben."
Der Tag war ein Nachsommergeschenk. Ich hatte trotz aller Störungen
gut gearbeitet – drinnen und draußen. Der Abend schummerte hernieder.
Aus den Rosetten des Rotkrauts lugten die prallen Köpfe. Der Abendtau be-
legte sie mit dem leisen Grau reifer Pflaumen. Der Garten schenkt uns nicht
10 nur Früchte für unsere Arbeit. Er schenkt uns auch Schönheit.
Wir säuberten unsere Gartengeräte. In der Sauerkirschenhecke zirpten
die Heuschrecken: „Pedro, Pedro, Pedro!"
„Vater, Pedro ist noch wach."
„Du sollst ihn in Ruh lassen!"
15 „Er wiehert leise, spitzt die Ohren und schaut durch das Stallfenster in
den roten Abendhimmel."
Solang uns der Abend sein Licht ließ, schlichen wir abwechselnd zum
Stallfenster, um nach Pedro zu sehen. Jeder fand einen Vorwand. Einer sollte von der Narrheit des anderen nichts wissen. Ich musste nachsehen, ob die
20 Gartenpforte geschlossen wäre. Am Pferdestallfenster traf ich meine Frau.
Christa ging nachsehn, ob alle Hühner daheim wären. Am Pferdestallfenster
traf sie die Mutter und mich. Oh, ihr Narrwänster, das Leben erhalte euch
die Kindlichkeit!
Der helle Mond kam herauf. Pedro hatte das Kinn auf den Fenstersims ge-
25 legt. Sein Atem machte die Scheibe blind. Alte Pferde schlafen zuweilen
nachts im Stehn. Pedro ist kein altes Pferd. Weshalb legt er sich nicht? Fühlt
er sich noch nicht zu Hause?
Vor dem Zubettgehn prüfte ich den Abendhimmel. „Wie wird das Wetter?"
30 Am Pferdestallfenster traf ich meine Frau. Pedros Kopf war verschwunden. Wir lauschten ins Stalldunkel. Leises Schnarchen kam herauf. In den
Kirschbaumzweigen rischelte der Nachtwind. Pedro hatte unsere Liebe
wohl doch gespürt und sein neues Zuhause angenommen.

Pedro macht einen Kürbis zum Fußball

Am Ende des Gartens, wo die großen Blätter der Kürbisse auf dem Rasen liegen wie grüne Wäschestücke, befindet sich eine kleine Weide, die Gartenkoppel. Dort spazierte bis nun unsere Ziege Minna.

Ziegen sind wie verwöhnte Damen. Sie fressen mit gespitztem Mund,
5 schmatzen dabei nicht, und man hört doch, wie sie jedes Hälmchen abschmäckeln. Hier ein Spitzchen, dort ein Blättchen; hier vom Guten und dort vom Allerbesten. Schon sind sie satt, beginnen sich zu langweilen und meckern. Wenn sich ein lebendes Wesen zeigt, wird es bemeckert. Jedes Geschöpf muss sich langweilig-vornehme Ziegengeschichten anhören, die mit
10 Ziegengeziertheit und überheblich-grauem Ziegenblick zum Himmel vorgetragen werden. Hat man zwei solcher Ziegendamen, so geht es an. Sie haben aneinander genug und meckern mehr innerlich.

Nun sollte Pedro als Gesellschafter zu unserer Meckerdame Minna. Vielleicht würde er sie mit seiner Schönheit zum Verstummen bringen?

15 Christa wollte Pedro in die Gartenkoppel führen. Aus der Sauerkirschenhecke flog ein Spatzenschwarm. Pedro erschrak vor dem surrenden Geflatter der schilpenden Gartendiebe. Er schnaubte und stellte sich auf die Hinterbeine. „Er steigt", sagen die Pferdemänner. Von Pedros Steigen wurde Christa erschreckt, aber sie ließ den Hengst nicht los. Da deutete Pedro
20 an, dass er seine Vorderbeine wie Fäuste zu handhaben verstünde. Ein Pferdehuf ist härter als ein Boxhandschuh. Christa war bestürzt. Das sollte nun Freundschaft sein? Sie ließ los: Das Pferdchen war davon.

Pedro preschte über Gemüsebeete. Die Kohlköpfe purzelten aus ihren Blaublätterkragen. Gurken zerknackten unter den scharfkantigen Hufen,
25 ein Kürbis kullerte wie ein Fußball vor Pedro her. Im Rennen riss der Hengst sich eine Mohrrübe heraus. Die Mohrrübe hing am Kraut in seinem Maul. Das sah aus, als ob ein Rentner Baumelpfeife rauchte. Mit der Baumelpfeife rannte Pedro durch das Bohnenquartier, knickte im Vorbeirennen einige Sonnenrosenstauden und setzte durch die Gartenpforte zurück auf den
30 Hof. Dort lockte ihn die Mutter mit einer Brotscheibe zu sich und fing ihn.

Christa sammelte die zertretenen Gurken, die herausgefallenen Kohlköpfe und den Fußball-Kürbis ein: Sie brachte einen Korb voll zertrampelter Gartenfrüchte ins Haus.

„Eine tüchtige Erntehilfe", sagte die Mutter. Christa duckte sich schuld-
35 bewusst, wie unsere Hündin Hella, wenn sie von der Waldjagd kommt.

Ich entschuldigte Pedro: „Er wollte nicht zur Ziege. Er mag meckernde Damen nicht."

Wir lachten so laut, dass der Hofhahn protestierte. Pedro kaute unberührt. „Was denn? Ich bin ein Pferd. Ihr wolltet doch eines."

Die Ponyschule

5 Der Spott der Mutter durfte nicht auf uns sitzen bleiben. Christa legte Pedro einen Zaum auf. Am Zaumzeug sitzt die Trense, das Gebiss oder die Stange, wie die Pferdemänner sagen. Das Gebiss wird dem Ross quer durchs Maul geschoben. An den Gebissenden befinden sich außen Ringe; dahinein werden die Zügel geschnallt. Zieht der Pferdeführer am Zügel, so drückt das

10 Gebiss auf Lippen und Gaumen des Pferdes. Das Tier weicht dem Druck der eisernen Stange aus und lässt sich willig führen. Eine List, mit der der Mensch sich das Pferd gefügig und zum Hausgenossen machte. Auch Pedros Wildheit wurde durch die Stange „im Zügel" gehalten. Christa führte ihn ohne Zwischenfälle in die Gartenkoppel.

15 Aber wir mussten mehr tun, um dem Spott der Mutter die feinen Stacheln zu nehmen. Auf der Gartenkoppel sollte Pedro in die Schule gehn.

„Pedro!" Der Hengst rupfte Weißklee und dachte nicht daran, seine Mahlzeit zu unterbrechen. In meinen Hosentaschen steckten harte Brotreste. Ich ging durch die Koppel. Die Brotreste raschelten. Dieses Brotrascheln

20 war für Pedro Musik. Er hob den Kopf. Ich legte ein Brotstück auf die ausgestreckte Hand. „Pedro!" Das Pony kam heran, nahm das Brot mit schnoberndem[1] Maul und fraß. Als das Brot gefressen war, gab mir der Hengst einen Schubs mit der Nase. „Mehr!"

Ich tat, als verstünde ich nicht, und ging davon. Pedro begann wieder zu

25 grasen.

Nach einer Weile legte ich ein zweites Brotstück auf meine Hand.

„Pedro!"

Der Hengst trottete heran und fraß das Brot. „Pedro, Pedro, Pedro …", sagte ich, solange der Hengst fraß und den Wohlgeschmack des Brotes am

30 Gaumen fühlte. Das war der erste Schultag.

Von nun an belohnte ich mich manchen Abend, wenn ich tagsüber fleißig am Roman gearbeitet hatte, mit einer Schulstunde für Pedro. In der zweiten

---

1 *schnobernd:* schnaubend

33

Schulstunde kam das Pony heran, wenn ich am äußersten Ende der Garten-koppel die Hand ausstreckte und seinen Namen rief.

Wieder einen Tag weiter rief ich, streckte auch die Hand aus, doch in der Handfläche lag kein Brot. Pedro war enttäuscht. Ich zog flugs einen Brot-brocken aus der Hosentasche und versöhnte ihn.

Noch einige Tage weiter kam Pedro, wenn ich ihn beim Namen rief, ob ich nun die Hand ausstreckte oder nicht. Er hatte sich gemerkt, dass er so oder so einen Brotkrumen erhielt.

Von dieser Zeit an kommt Pedro, auch wenn ich einmal nichts in der Ta-sche habe. Er kommt „auf Zuruf".

Christa war begeistert vom „schlauen" Pedro. Sie sah sich schon in grau-en Reitstiefelchen auf der Gartenkoppel stehn; sah schon, wie zwölf Ponys sie umkreisen. „Pedro! Axel! Silva! Kitty! Mary! Tian! ..." Ein Pferdchen nach dem andern kommt aus dem Pferdekarussell zur Mitte, um sich seine Belohnung für gute Schularbeit abzuholen – Zirkusträume.

Meine Frau hielt nichts von Pedros Klugheit. „Gefräßig ist er", sagte sie.

Die naschhafte Ziege

Was kreischte die Dame Minna im Stall, als ob der Himmel einfiele? Wes-halb schnaubte Pedro und stampfte? Wir rannten, rissen die Stalltür auf und sahen ein Knäuel aus Tierleibern – braun und weiß und zappelnde Beine. „Mäh! Mähähähähä!"

Was war geschehn? Der mäkeligen Ziege Minna gefiel ihr Mittagsfutter nicht. Sie stellte sich auf die Hinterbeine, schnupperte, erroch mit ihrer vor-nehmen Nase die Haferkörner in Pedros Häckselfutter und sprang schließ-lich über die niedrige Trennwand zu Pedro in die Box. Der Hengst schnapp-te nach der neugierigen Dame. Die Dame hopste vor Schreck auf Pedros Krippe. Ihre Kette verschlang sich mit Pedros Kette.

Das Pony schnaubte: „Was fällt dir ein?"

Minna sprang beleidigt von der Krippe.

Aufs Neue verwickelten sich die Anbindeketten der Tiere. Minnas Kette wurde zu kurz. Sie musste aufrecht auf den Hinterbeinen stehn. Pedro wun-derte sich, dass die weiße Dame plötzlich aufrecht stand wie ein Mensch. Minna fürchtete die ängstlich starrenden Augen Pedros. So standen sie und schauten sich an, bis Minna sich nicht mehr auf den Hinterbeinen halten konnte und umfiel. Die Kette spannte sich. Das Halsband würgte. Die Ziege zappelte und plärrte. Pedro senkte den Kopf und blieb so stehn, bis wir Minna befreiten.

Wir waren stolz auf unseren klugen Pedro, der trotz seiner Abneigung gegen Ziegendamen der Minna das Leben rettete. Meine Frau belächelte unseren Kinderstolz. „Der Strick hat ihn gewürgt – nichts weiter", sagte sie.

Pedro lernt arbeiten

Meine Frau war für einige Zeit in die Stadt gefahren. Christa und ich, die Pferdenarren, benutzten die Zeit, Pedro das Ziehen zu lehren. Die Post brachte ein gebrauchtes Ponygeschirr. Einen alten, wackligen Ponywagen trieben wir in der kleinen Stadt hinter den großen Wäldern auf.

Der Milchkutscher hängte den Ponywagen an seine Kannenfuhre und brachte ihn mit. Er ließ ihn am Ende des Wiesentales auf dem Hauptweg stehn.

„Nun spannt eure Katze ein", sagte der Milchmann. Ein Pferd, das am Tag keine zehn Pfund Hafer frisst, ist für großmannssüchtige Bauern nicht „standesgemäß".

„Es kann dir gleich sein, wer unseren Wagen nach Hause zieht", sagte ich beleidigt zum Milchmann.

Wir steckten Pedro das Sielengeschirr[1] auf. Der Hengst schnaubte das gefettete Lederzeug an. „Still, Pedro, das ist Schuhkrem!"

Pedro beruhigte sich nur langsam. Vielleicht nahm er den Duft des Pferdes wahr, das vor ihm dieses Geschirr getragen hatte.

Wir führten den angeschirrten Pedro durch das Wiesental und waren gespannt wie Kinder vor der Weihnachtsbescherung. Wird er ziehn? Wir blickten über die Wiesen. Dabei suchten wir nicht nach Herbstblumen, sondern nach Bauern. Es wäre uns unangenehm gewesen, bei einem missglückten Ziehversuch unseres Pferdchens ausgelacht zu werden. Ich ertappte mich bei der Kleinbürgerei, straffte mich und raschelte zuversichtlich mit Brotstückchen in meiner Hosentasche.

Eine Doppel-Deichsel, zwischen deren Holmen das Pferd geht, nennen die Pferdemänner – eine Schere. Pedro konnte nicht begreifen, weshalb er sich zwischen zwei Knüppel begeben sollte. Knüppel haben die Eigenschaft

1 *Sielengeschirr:* über die Brust des Pferdes gelegtes Geschirr

zu schlagen; irgendwo muss er das erfahren haben. Nun sollte er zwischen diese Knüppel? Er sträubte sich.

Das Brot heraus! Christa hielt Pedro Brotbröckchen vor, klopfte, streichelte ihn und lenkte ihn ab. Ich packte derweil die Stränge[1] und zog den Schmauser rückwärts langsam in die Schere hinein. Es gelang. Pedro war noch mit den Brotbröckchen beschäftigt, da befestigte ich ihn mit dem Scherriemen an den Deichselholmen[2] und machte schließlich die Stränge am Ortscheit[3] fest.

Jetzt kam der große Augenblick. Ich fasste nach der Leine, Christa legte einen neuen Brotbrocken auf die Hand. Sie ging damit rückwarts von Pedro fort. „Hü, Pedro!" Pedro zog ohne Zucken, ohne Mucken an. Er erreichte das Brot. Christa sprang zur Seite. Pedro kaute und ging weiter, immer weiter. Der wackelnde Wagen hinter seinem Schwanz störte ihn nicht. So wurden wir richtige Fuhrleute.

Alles Brot war verzehrt. Pedro wollte anhalten. Unsere Freude über den ziehenden Pedro aber sollte nicht angehalten werden. Ich hob die Peitsche. „Hü, Pedro!" Pedro flüchtete vor der Peitsche in den Stall und nahm den Wagen mit. Das war die ganze Kunst des Ziehens. Wir aber waren stolz.

„Den leeren Wagen zieht er ja, der kleine Karnickelbock", rief ein Bauer aus der Wiese.

„Setz dich drauf, er zieht auch dich und dein Schandmaul!", riefen wir übermütig zurück. So überzeugt waren wir von unserem Pedro. In einer Birke lachte der Grünspecht.

Pferdegespenster

Morgens, wenn die Sonne sich aus ihrem Dunstbett hebt, stehen die Kraniche am Rande des Schilfsees unter den hohen Föhren und trompeten. Sie begleiten das Aufstehn der Sonne mit Posaunentönen. Für uns, die Leute auf dem kleinen Vorwerk, heißt das:

„Heraus, ihr Schläfer, aus den Federn!
Die Mutter Sonne facht schon Feuer …"

Beim Posaunenton der Kraniche kommst du dir vor wie der Sünder vor der Volkskritik. „Wie viel Versammlungen hast du geschwänzt? Hast du ge-

---

1 *Stränge:* Leinen zum Lenken des Pferdes
2 *Deichselholme:* Holzstangen
3 *Ortscheit:* Holzstangen zur Befestigung der Pferdeleinen am Fuhrwerk

nug gegen die Kriegsfeuerschürer getan?" Du wirst klein und schuldbewusst. Manche Unterlassungssünde fällt dir ein. Du schleichst dich an den Schreibtisch, an deine Arbeit.

Meine Arbeit am Roman ging gut voran. Der Held hatte eine schwierige
5 Lebensstation hinter sich gebracht und war gereift. Da wurde ich zu Sitzungen in die Stadt gerufen und musste alles liegen lassen. In dieser Zeit verwilderten Romanheld und Pedro.

Endlich gab's wieder einmal einen freien Sonntag. Wir versuchten es mit einer Ausfahrt. Pedro sollte uns ziehen. Beim Einspannen nahmen wir noch
10 einmal die Brotbröckchen zu Hilfe.

Alles fertig. Wir setzten uns – nicht ganz ohne Sorge – auf den Wagen. „Hü!" Pedro schaute sich um. Kein Brot? Ich hob die Peitsche. Pedro flüchtete. Er nahm den Wagen, aber auch uns mit auf die Flucht.

O ja, die List des Menschen! Er sagt zum Pferd: „Ich seh, du weißt nicht,
15 wohin mit deiner Kraft, also tu und zieh was für mich!" Er hängt einen Wagen an das Pferd und treibt es an. Aber noch ist der Mensch nicht zufrieden. „Nimm auch mich und meine gefüllten Säcke mit auf die Flucht!" Das Pferd schleppt auch ihn und die Last. Da ist der Mensch zufrieden und sagt: „Das Pferd zieht gut." Wie ungenau. Er müsste sagen: „Das Pferd flüchtet gut."
20 Christa wollte fahren. Ich übergab ihr die Zügel. Wir wechselten die Plätze. Der Kutscher sitzt rechts. „Hü, Pedro, sssst!" Der Zischton hatte für Pedro etwas Bedrohliches. Er lief stürmischer davon. Er trabte. „Klipp, klapp, klipp, klapp", sangen die kleinen Hufe. Das Gerassel des kleinen Wagens, der Harzduft aus dem Wald und der Abgesang der Amsel lockten ein Fuhr-
25 mannslied aus mir hervor:

„Klipper, klapp, klipper, klapp,
geht mein kleines Pferd.
Zuckeltrab, auf und ab
geht mein kleines Pferd.
30 Das Leben ist kurz
und der Fuhren sind so viel, so viel.
Das Leben ist kurz und der Fuhren sind so viel."

Pedro sprang zur Seite. Christa ließ verschreckt die Zügel fahren.
„He, Pferdeliese!" Pedro lief in Galoppsprüngen mit uns davon. Ich pack-
35 te die Zügel, die auf den Weg hinunterhüpfen wollten. Wäre das geschehen, so wäre uns nur noch das Abspringen geblieben. Ich zog die Zügel langsam an und beruhigte Pedro. „Ruhig, ruhig, tut nix." Ich beruhigte damit auch

mich selber. Pedro fiel in Trab, eine Minute später ging er im gleichmäßigen Klipp-Klapp-Schritt eines manierlichen Bauernpferdes.

Ich fühlte mich weise und belehrte Christa: „Es gibt Menschen, die lassen die Zügel schleifen und wundern sich, wenn ihr Leben mit ihnen durchgeht.
5 Sie lassen sich vom ‚Schicksal‘ kutschieren …"

Während ich so klug redete, sprang der Hengst zur Seite. Nun durfte ich meine Weisheit erproben. „Ruhig, ruhig, tut nix!"

Diesmal scheute Pedro vor dem weißen Stamm einer Birke. Ich spähte nach dem nächsten Birkenstamm aus, da sprang der Hengst schon wieder
10 zur Seite. Weit und breit keine Birke. Ein Stück Zeitungspapier flatterte im Wagengeleis. Also war „weiß" Pedros Scheufarbe. Bald wussten wir's ganz genau: Weiße Birkenstämme, Papierfetzen, Wäsche auf der Leine, eine weiße Taube, die vorüberfliegt, ein Blütenzweig, der im Frühlingswind pendelt – alles das sind Dinge, die Pedro Furcht einjagen.
15 Vielleicht wurde das Füllen Pedro von einer weißen Henne, die gackernd vom Nest flog, oder von einem weißen Hofhahn, der sich kampflustig auf das arglos grasende Fohlen stürzte, für alle Zeiten verschreckt.

Fürchten sich nicht auch Menschen zuweilen vor baumelnder Wäsche? Sehen nicht auch sie zuweilen Gespenster? Man muss ihnen Mut machen!
20 Wenn mir im Umgang mit dem Pferdchen Pedro weiter so viel Weisheit zufliegt, fürchte ich fast für meinen Romanhelden. Er könnte unanständig weise werden.

Pedro verliebt sich in eine Lokomotive

Meine Frau kam von der Reise zurück. Ich wollte sie mit Pedro von der Bahnstation abholen. Sie sollte sich wundern!
25 Hinter dem Stationshaus gibt es einen schönen Grasfleck. Dort weidete Pedro, ließ sich die Grünhalme munden und kümmerte sich um nichts. Der Zug fuhr ein. Pedro spitzte nur die Ohren und graste weiter. Ich wagte es, meiner Frau entgegenzulaufen. Zuvor aber strängte ich Pedro ab und band seine Leine an die Wagenrunge.
30 Meine Frau stieg aus dem Zug. Ich nahm ihr den Koffer ab und begrüßte sie.

„Ich bin mit Pedro hier", sagte ich stolz. Da pfiff die Lokomotive und ich hatte gelogen. Pedro antwortete der Lokomotive mit den lautesten Tönen seiner Hengsttrompete. Der Zug fuhr an. Pedro auch. Er zog den Wagen an

einem Strang. Die Lokomotive pfiff noch einmal. Pedro hielt sie wohl für eine Riesenstute und wieherte ihr zu. „Hier bin ich!" Die Lokomotive stieß blöffend einen Dampfkegel aus. Sie kümmerte sich nicht um den kleinen Liebhaber. Sie hat ihren vorgeschriebenen Eisenweg durch die Welt. Pedro
5 aber war frei und folgte ihr. Er preschte mit dem Wagen am Schienenstrang entlang. Das kleine Fahrzeug polterte über die hervorstehenden Bahnschwellen. Schotterstücke flogen umher. An einem Pfahl hing eine Tafel. „Halt!" stand darauf geschrieben. „Halt, wenn das Läutwerk der Lokomotive ertönt!" Pedro kann nicht lesen, aber die Tafel war weiß: Pedros Scheu-
10 farbe. Er machte einen Satz. Der Wagen blieb am Tafelpfahl hängen. Pedro zerrte. Er wollte die wiehernde Eisenstute einholen und mit ihr spielen. Ein Wagenrad blieb neben der Tafel liegen. Pedro zerrte den Wagen auf drei Rädern weiter. Der letzte Waggon des Zuges hatte ihn bereits überholt. Jenseits des Schienenstranges befand sich ein breiter Grasstreifen. Dorthin strebte
15 Pedro und sprang über die Schienen. Der Wagen fiel zusammen, als wär er aus nasser Pappe. Die Seitenbretter polterten herunter. Die Unterlage schwappte auf den Bahnschotter. Der Strang riss. Pedro wurde mit einem Ruck frei. Er überschlug sich, sprang wie eine Katze hoch und galoppierte, die schlappenden Strangstücke nachziehend, über die Chaussee durch den
20 kleinen Eichenhain in das Dorf. Menschen rannten herzu, riefen und fuchtelten. Sie stellten sich Pedro in den Weg. Der Hengst umging Menschen, Bäume und Prellsteine im Galopp und stampfte dem Dorfausgang zu.

Meine Rufe hallten durch den Herbstwald. Pedro hörte nicht. Die Strangketten klirrten, klimperten und trieben ihn. Er raste in den Wald, kam nach
25 einer Weile wieder heraus und polterte auf der Straße weiter, bis er an der Wegbiegung verschwand.

Ich wischte mir den Schweiß. Im Walde höhnte ein Häher[1]. Um die Wegbiegung quoll eine Kuhherde. Sie versperrte die Straße. Und das da? War das eine schwarze Färse[2]? Nein, es war Pedro. Hinter den Kühen ging ein Bauer
30 mit einer Peitsche. Die Peitsche schien Pedro gefährlicher als die klirrenden Ketten hinter seinem Schwanz. Er lief im Zuckeltrab vor der Herde her. „Pedro! Pedro!" Der Hengst stutzte und blieb stehen. Da waren auch die klimpernden Kettengespenster hinter ihm still. Er ließ sich greifen.

Wir marschierten zum Bahnhof zurück. Auf halbem Wege kam uns mei
35 ne Frau entgegen. Jetzt würden wir durch die Brennnessel-Hecke ihres

---

1 *Häher:* Rabenvogel
2 *Färse:* weibliches Rind

Spotts waten müssen! Meine Frau winkte uns fröhlich zu. „Hat Pedro sich wehgetan?" Sie liebt unser Pferdchen also doch.

Die Arbeiter vom Holzplatz neben dem Bahnhof klaubten die Wagenstücke von den Schienen. Sie pflockten das Rad an, suchten die Kastenteile
5 zusammen und schoben sie wieder auf das Untergestell. Da stand der Wagen! Solidarität – sie ist mir im Leben in vielerlei Gestalt begegnet. Was sich mir allein als Katastrophe darstellte, wurde unter nachbarlichen Händen zum humorvollen Zwischenfall. Wir begossen die kleine Philosophie über die Hilfsbereitschaft in der Bahnhofswirtschaft mit ein paar Kutscher-
10 schnäpsen.

Der Apfeldieb

Die Bäume zogen ihre bunten Röcke an. Noch einmal stand die Sonne hoch im Blau wie in der Jugendzeit des Jahres. Die Baumkronen lichteten sich leise. Die dicken Äpfel verloren ihre Verstecke. Aus den Haselbüschen im Garten der Nachbarin schrien die Tannenhäher. Ich hockte auf der Steh-
15 leiter und zupfte Äpfel in einen Kescher[1]. Unter mir standen die vollen Körbe im kurzen Grüngras. Knallrot und leisgelb, heugrün und silbergrau leuchteten die Äpfel. Seitab – an einen Baum gebunden – graste Pedro. Das dumpfe Rupfgeräusch mischte sich mit dem Rauschen des Waldes. Ruhe stieg in mir auf. Des Menschen Glück hat zarte Faserwürzelchen.
20 In der Stadt hatten die Herbstfrüchte für uns hinterm Glas der Schaufenster gestanden. Äpfel – das waren nicht die bunten Knöpfe am Herbstrock des Jahres, sondern Grüße aus dem Sehnsuchtsland – das Pfund zu eine Mark und zwanzig.

Pedro suchte im Gras nach Äpfeln, die vor Reife-Eifer vom Baum ge-
25 sprungen waren. Er zerknallte die Früchte mit seinen starken Zähnen. Wo die Baumzweige tief herunterhingen, wartete der Hengst nicht, bis ihm der Zauswind die Äpfel vors Maul warf. Dort fraß er aus dem Vollen. Als wir das entdeckten, ernteten wir die unteren Zweige der Bäume ab. Die Äpfel waren für die Winterabende der Menschen, für unsere Genossen in der Stadt, nicht
30 für den vergierten Gaumen Pedros bestimmt.

Nicht immer hatte ich Pedro im Auge, wenn ich auf der Leiter stand oder in den Baumzweigen umherturnte. Ich hörte, wie im unteren Teil des Gar-

---

1 *Kescher:* an einer Stange befestigter Behälter zum Obstpflücken

tens an einem Baum gerüttelt wurde. Der Viehhirt von der Genossenschaft, dachte ich. Er holt sich sein tägliches Quantum herunter. Dann aber vernahm ich das bekannte Zerknallen der Früchte unter starken Zähnen. Der Apfeldieb war Pedro. Wie war er zu Äpfeln gekommen? Neues Schütteln
5 und Rütteln in den Apfelbaumzweigen. Pedro gab mir die Antwort.

Schon wollte ich ins Haus und meiner Frau von Pedros nun unbestreitbarer Klugheit berichten, da stand der wissenschaftliche Mensch in mir auf. „Du bist wohl eine Kaffeetante, die auf die Klugheit ihres verzogenen Dackels schwört?"

10 „Das bin ich nicht."

Der wissenschaftliche Mensch liegt stets in mir auf der Lauer. Er bewahrt mich oft vor dichterlichen Gefühlstorheiten. Er erklärte mit auch, wie es um die Klugheit meines Wunderpferdchens bestellt war.

Tags zuvor, als Pedro genug Gras in seinen Magen gepackt hatte, rupfte er
15 sich aus Langweile ein paar Apfelblätter zum Kompott aus den Zweigen. Die Äpfel droben in der Baumkrone aber gierten nach der leisesten Erschütterung. Ihre Samen waren reif. Sie wollten zur Erde. Plumps! Da hatte Pedro zu seinen Apfelblättern noch ein Pfund Äpfel gratis. Seine Nachspeise wurde süß und reichhaltig.

20 „Das war gestern ... und heute?"

Heute arbeitete Pedros Fress-Gedächtnis. Es funktionierte vorzüglich. Er zog am Apfelbaumzweig, wie wir am Schieber des Schokoladen-Automaten ziehn. Die Süßigkeiten purzelten aus dem Himmelsblau auf ihn hernieder.

Aus mit dem Märchen von Pedros Klugheit. Fortan banden wir den
25 Hengst nicht mehr an Bäume, in denen noch Äpfel hingen.

Weshalb Pedro Nichtraucher blieb

Ich besserte den Zaun der Gartenkoppel aus. Aufdringliche Herbstmücken umsummten mich. Sie schwirrten, sirrten und vergällten mir mit dummsigem Gesumm die herüberwehende Waldmusik.

Neben harten Brot- und Zuckerstückchen klappert in meinem Hosensack
30 die Zigarettendose. Sie enthält „Zuckerstücke" für mich. Ich belohne mich mit einer Zigarette für einen guten Einfall oder für eine sauber ausgestemmte Stangenverbindung beim Bauwerken. Meine Zigaretten sind von billiger Sorte. Sie vertrieben manche Dame in der Stadt aus meiner Nähe. Jetzt wollte ich den Mücken mit dem Rauch dieses Krautes zuleibe. Als ich der Blech-

schachtel eine von den Tabaknudeln entnahm, überraschte mich ein guter Einfall für meinen Roman. Ich wollte den Einfall nicht vergessen und „nagelte" ihn mit Gedankenstützen fest. Das dauerte seine Zeit. Während dieser Zeit hatte auch Pedro einen Einfall; einen ganz gewöhnlichen natürlich. Pedros vergiertes Gedächtnis arbeitete. Der Würfelzucker, den ich bisweilen als besondere Belohnung für ihn aus dem Hosensack ziehe, ist weiß. Die Zigarette ist weiß. Pedros Fressgier hieß ihn Weiß und Süß zu verbinden. Er schnappte mir die Zigarette über die Schulter hinweg aus der Hand. Mein guter Einfall zerstob. Ich musste mich mit dem Mausedieb beschäftigen.

„So, ich wusste nicht, dass du rauchst. Feuer gefällig?" Der Hengst hatte die Zigarette schon zerkaut. Nun schluckte er sie wie ein Quäntchen Heu. Das Zigaretten-Heu hatte es in sich. Pedro hob die Lippen, bleckte die Zähne, riss das Maul auf, hielt die Zunge in den Wind und tat alles, was ein Mensch tut, wenn er bitteren Wermut-Tee getrunken hat. Er entfernte sich ein Stück, schüttelte sich, prustete und schlug schließlich mit den Hinterhufen nach mir und meiner Zigarettenschachtel. Das heißt in der Pferdesprache: „Küss mich am Schwanz!"

Ich lachte ihn aus, nicht hämisch natürlich, nein, mit einem kleinen Schuss Dankbarkeit. Nun wusste ich, was ich bisher nur vermutet hatte: Ein gutes Gedächtnis allein schützt nicht vor Dummheiten.

Die Welt hat keine Risse

Die Sonne kroch jeden Morgen später aus dem Waldbett und legte sich jeden Abend früher hinein. Aus den Wäldern wehte der Herbstruch herüber. Wir ernteten unsere Kartoffeln. Pedro zog den kleinen wackeligen Wagen aufs Feld. Ein schwarzes Rinnsal schlängelte sich über den Weg. Es entspringt auf dem Hofe des Nachbarn unter dem Misthaufen, überquert den Weg und verliert sich auf einem Holzplatz. Besengleiche Stauden von Grauer Melde und Wermut laben sich an diesem Düngerwasser und überwuchern die dürren Pflaumenbäume. Pedro blieb vor dem Rinnsal stehn und drückte den Wagen zurück. Ich sagte hü! – da ging er noch ein Stück zurück. Ich winkte mit der Peitsche – da war es ganz aus. Pedro wollte umdrehn und nach Hause rennen. Der Kutscher muss vom Wagen steigen, weil sein Pferd anderes will als er. Das ist auf dem Dorfe so peinlich, wie es in der Stadt peinlich ist, sein Auto durch die Straßen zu schieben.

Ich packte Pedro am Zügel. „Los!" Der Hengst machte sich steif wie ein unartiges Kind. Nicht einen Schritt. Ich spannte ihn aus und führte ihn an das dunkle Rinnsal heran. „Ruhig, Pedro, tut nix!" Meine Zauberformel half nicht. Der Hengst blieb steif stehn. Ich stieg über die Dungwasser-Rinne,
5 um Pedro zu beweisen, dass es sich nicht um einen Abgrund handelte. Der Hengst blieb starr. Du bist drüben; ich bleib hier.

Der Kampf zwischen Menschen- und Tierwillen muss bis zum Ende geführt werder. Einer muss siegen. In diesem Falle siegte Pedro. Ich musste zu einer Sitzung in die Stadt. Konnte ich dem Versammlungsleiter sagen, ich sei
10 zu spät gekommen, weil ich mein Pferd über einen kleinen Jauchegraben hätte zwingen müssen? Ich drehte den Wagen um, spannte wieder ein, fuhr nach Hause, packte mein Köfferchen und rannte zur Bahnstation.

Zwei Tage später nahm ich den Kampf mit Pedro wieder auf. Diesmal spannte ich ihn nicht erst vor den Wagen. Ich wurde zum Spießbürger, der
15 das Spottlächeln der Nachbarn fürchtet. Ich tat so, als ob ich den Hengst zur Weide brächte. „Nun geh man schon, geh, geh!"

Pedro ging nicht. Der Graben war da.

Ich drehte um. Er hob triumphierend den Kopf: Diesmal gibt der Alte schnell auf. Pferdegedanken.
20 Ich schob den „denkenden" Pedro rückwärts über das Rinnsal. Platsch! Plautsch! Plamm! Pedro wunderte sich, als er das Gräbchen wieder vor sich hatte, doch wenn seine Nase schon heimwärts gerichtet war, sollte es auch an die Krippe gehn. Mit einem Satz übersprang er die Rinne. Vorwärts! Heimwärts!
25 Verrechnet. Er rannte gegen die Zügel an, die ich straff hielt. Wieder musste er rückwärts über den Graben. „Ich zeig dir, wer hier bestimmt!" Vorwärts, heimwärts – ein Sprung! Wieder rückwärts zurück, zehnmal hin und her – da wurde Pedro die Sache zu dumm. Wozu der Kraftaufwand für den Sprung?
30 Er ging vorsichtig im Schritt über die Rinne. Noch fünfmal hin und her zur Festigung der Einsicht, dann spannte ich Pedro daheim im Hofe ein.

Nun ging's aufs Feld. Vor dem Rinnsal ein kleines Stutzen. „Naaa!" Und da ging der Hengst endlich auch mit dem Wagen im Schritt hinüber. Die Kartoffeln wurden eingefahren. Pedro hatte begriffen, dass die Welt zwar
35 kleine Jauchegräben, aber keine unüberschreitbaren Risse hat.

Die glühenden Pantoffeln

Der Herbst belegte die Wege mit Matten aus vergilbten Baumblättern. Im Buchenwald wurde es lichter. Die Erlbüsche im Wiesental entlaubten sich. Das Tal wurde weiter. Man sah bis zur Bachbrücke, über die jeder Fremde gehen muss, der vom Abend her ins Dorf kommt.

5 Pedro, machte sich nützlich. Er nahm uns die Grabe-Arbeit im Garten ab und zog seinen kleinen Pflug unter den Apfelbäumen hin und her. Schont eure Rücken und tut trotzdem Nützliches! Er brachte unsere Koffer zur Bahnstation und fuhr den Bürgermeister zum Arzt in die Stadt hinter den Wäldern. Als im Dorf die Schweinepest ausbrach, flitzte Pedro in die Kreis-
10 stadt um Desinfektionsmittel für die Genossenschaft. Er fuhr Sägespäne aus dem Nachbardorf heran und brachte Schilfrohr vom Seerand und Moos aus dem Wald. Sorgt vor für den Winter!

Auf all diesen Wegen nutzten sich Pedros Hufe ab. Man musste sie mit Eisen beschlagen.

15 Wir fuhren in die kleine Stadt zur Schmiede. Im Buchenwald plärrten die Eichelhäher. Sie sind wie menschliche Hinterwäldler. Jedes fremde Wesen, das ihr Revier betritt, wird beklatscht und verspottet: „Seht, eine Frau mit dem Pferdeschwanz am Kopf und ein Mann mit rotem Fell unter der Nase!" Beim Ratschen, Tratschen und Klatschen fielen den Hähern sogar die Ei-
20 cheln aus dem Schnabel, die sie in ihre Vorratskammern bringen wollten. Getratsch erscheint ihnen wichtiger als Arbeit. Es soll auch Eichelhäher-Menschen geben.

Die enge Stadtschmiede ist der Friseurladen für Pferde. Der Duft von verbratenem Hufhorn erfüllte mich mit Kindheitserinnerungen: Als Dorfjunge
25 hatte ich die Kette des Blasebalgs gezogen, während Großvater und der Schmied dem Pferd neue Eisen verpassten. Auch hier in dieser Schmiede knisterte und knickerte die genässte Steinkohle, wenn sich das windgetriebene Schmiedefeuer durch den schwarzen Grus[1] fraß. Doch es zog kein Junge mehr am Blasebalg. Der Windbalg wurde elektrisch betrieben. Die Jungen-
30 und Lehrlingsarme durften sich für nützlichere Dinge schonen.

Auf dem kleinen Schmiedehofe standen viele Pferde: Ackergäule neben flitzigen Fleischerpferden. Pedro begrüßte die Versammlung. „Wo kommt ihr her?" Manche der Pferde gaben freundlich Auskunft, andere wandten sich ab. „Was hast du Däumling danach zu fragen?" Bis Pedro in den Be-

---

1 *Grus:* Kohlenstaub

schlagstand, in den Pferdebarbierstuhl, durfte, fütterten wir ihn mit Heu.
Wer frisst, kann keine aufreizenden Reden führen.

Der Schmied schob die Mütze nach vorn und kraulte sich den Hinter-
kopf. Seine Finger glänzten vor Schwärze. „Da habt ihr mir was hergetan!
5 Lieber zehn große Gäule als so einen Krakeeler!"

Unser Pedro ein Krakeeler? Der Vorwurf beleidigte sogar meine Frau.
„Keine Angst, Meister Schmied!"

Wir hatten Pedro daheim darauf dressiert, die Beine nach Bedarf zu he-
ben. Jeden zweiten Tag kratzten wir ihm den Stallmist aus den Hufrillen, da-
10 mit der Strahl, jener empfindliche Teil im Hufinnern, nicht faulen konnte.

Pedro hob auch in der Schmiede willig die Beine. Der Schmied schnitt die
Hufe mit einem scharfen Messer aus. Wo der Huf zu hart war, schlug er mit
einem Holzhammer auf die Messerklinge. Die Hufspäne spritzten im Beschlagstand umher. Die kleinen Hufeisen machte man im Schmiedfeuer
15 glühend. Heiß und gluhrot wurden sie auf den Hornrand des Pferdehufes
gelegt. Das Horn zischte auf. Alle Unebenheiten der verschnittenen Huf-
kante wurden weggebrannt. Hufeisen müssen fest aufliegen, sonst verliert
das Pferd die Eisen und der Gang in die Schmiede war umsonst.

Eine blaugraue, beizende Qualmwolke stieg auf. Sie fuhr in Pedros emp-
20 findliche Nase. Aus war's mit seiner Geduld! Er tanzte auf drei Beinen. Das
vierte Bein hielt ich. Er versuchte mir auf den Rücken zu springen.

„Da habt ihr den Krakeeler", sagte der Schmied.

Meine Frau sollte Pedro den Kopf kraulen, sanft mit ihm reden, ihn ab-
lenken. Sie verließ jedoch eilig den Schmiedehof. Ist sie so feig? räsonierte es
25 in mir. Aber da kam sie schon zurück. Sie hatte eine Tüte mit gesüßten Waffeln aus dem Wagenkasten geholt. Die Waffeln wirkten auf Pedro. Ein Zauberfraß!

Wieder packte ich Pedros Vorderbein. Wieder machte der Schmied das
Eisen glühend und ließ es auf den Hufrand zischen. Wieder stieg Horn-
30 qualm auf, doch Pedro störte er nicht mehr. Er fraß süße Waffeln. Ich lobte
meine kluge Frau – natürlich nur innerlich wie vorher, als ich räsoniert hatte.

Schon beim zweiten Vorderbein ging der Inhalt der „süßen Tüte" zur
Neige. Beim ersten Hinterbein begann das Gezackel wieder. Meine Frau
rannte in den Konsum[1] und kam mit einer neuen Tüte Zauberfraß zurück.

35 Als die zweite Tüte ausgefressen war, stand Pedro mit vier blanken Hufeisen im Beschlagstand. Der Lehrling lackierte ihm die Hufe mit einer glän-

---

1 *Konsum:* kleine Verkaufsstelle der Konsumgenossenschaft

zenden Schmiere. So frisiert und lackiert hätten wir leicht jede Hochzeitsfuhre bestreiten können. Das Stillstehfutter wurde allerdings teurer als Pedros neue Hufeisen. Aber sollten wir den Schimpf des Schmiedes auf Pedro sitzen lassen?

5 Vor Aufregung versäumten wir neue Waffeln einzukaufen. Daheim kam uns Ilja entgegengerannt. „Ach, du lieber Junge, jetzt hat der Pedro deine Waffeln gefressen."

Ilja begriff nicht gleich. „Wie kam Pedro auf den Wagen?" Die Mutter erzählte von Pedros neuen Hufeisen.

10 Da wurden Iljas Augen traurig. „Nun muss Pedro tanzen, bis er tot umfällt."

„Wie?"

Ilja hatte an das Ende des Märchens vom Schneewittchen gedacht: Dort muss die böse Stiefmutter auf glühenden Pantoffeln in den Tod tanzen. Da

15 entdeckten wir die Grausamkeit in manchen Märchen.

Vornehmer Besuch

Vor meinem Fenster fließt der Bach durch die Wiesen. Dorthin kommen die Waldvögel zur Tränke. Selbst der scheue Pirol trinkt dort, wenn alles still ist. Im Frühling streben große Hechte auf ihrem Weg zu den Laichplätzen diesen Bach hinauf. In der Dämmerung fahren die Wildenten den Bach hi

20 nunter. Sie verlassen die schützenden Schilfwälder des Sees und jagen die Fischbrut im klaren Bachwasser. Als wir die erste Zeit hier wohnten, stand ich zuweilen ein Viertelstündchen am Bach und träumte mich in die Wasserwelt. Ich erkannte den Wert von Stetigkeit und Zielstrebigkeit. Der Bach rief mich bald glickernd, bald raunend zu diesen Tugenden auf.

25 Nicht lange, und Leute aus der Stadt entdeckten mein Häuschen zwischen den Wäldern im Wiesental. Mein Arbeitsversteck wurde ausgekundschaftet. Es kamen Reporter von Zeitungen.

„Sie leben hier?"

„Ja, ich lebe hier."

30 „Weshalb leben Sie hier?"

„Weil Sie nicht hier leben."

„Er ist ein grober Mensch", erzählten die Reporter in der Stadt, weil ich ihnen in einem Wortspiel die Wahrheit gesagt hatte. Um jene Zeit kümmerten sich die Zeitungsleute nämlich noch wenig um das Leben auf dem Lande.

Auch einige Kollegen wetzten im Presseklub die Zungen: „Er hat ein Bauerngut erworben."

„Der Individualismus ist mit ihm durchgegangen."

„Er handelt mit Pferden."

5 Solche Gerüchte verbreiteten sich in der Stadt über mein Landleben.

An einem regnerischen Sonntagvormittag brütete ich über meinem Roman. Ein großes Auto hielt vor der Tür. Aus dem Auto stieg ein Schriftstellerkollege. Ich gewahrte es erst, als nervöses Hupengetön den Sonntagsfrieden zerstückelte. Auf die Autosignale liefen die Leute unseres Vorwerks
10 neugierig zusammen. Der vornehme Sakko des Schriftstellerkollegen war schon ziemlich durchnässt. Er fragte soeben meine Nachbarn, wo denn nun mein Landhaus, gottverflucht, zu finden sei. „Hier!", sagten die Nachbarn und zeigten auf meine Kate, just als ich zur Tür hinaustrat. Da stieg auch die Frau des Kollegen aus dem Wagen. Sie trug ein duftiges Kleid.

15 Meine Frau war unterwegs. Ich führte Junggesellenwirtschaft und hatte drei Tage lang vom gleichen Teller mit dem gleichen Essbesteck gegessen, um das langweilige Abwaschen zu sparen. Ich brachte die Gäste in meine Arbeitsstube. Die Frau schüttelte sich. Der Kollege hob den Arm, tastete die Decke meiner Katenstube ab und sagte: „Hier kannst du arbeiten?"

20 „Ich kann."

„Was soll da herauskommen: kleine Gedanken", sagte er.

Ich fachte den Küchenherd an und machte Grog. Als der Grog getrunken war und die Gäste sich ein wenig erwärmt hatten, wollten sie das Anwesen sehn.

25 In der Futterkammer betrachtete der Mann das Pferdegeschirr und den Sattel. Er nickte vor sich hin, als hätte er etwas bestätigt erhalten. „Also doch Kulak[1]!"

Ich ließ den Hengst aus dem Stall. Die Frau brachte sich auf dem Treppenabsatz in Sicherheit. Pedro patschte durch die Hofpfützen, rannte auf
30 den Mann zu, um nachzusehen, was in der bunten Jacke wohl stecken könnte. Da riss auch der Mann aus und gesellte sich seiner Frau auf dem Treppenabsatz bei. Von dort oben aus erkundigte sich die Frau nach dem Kilogewicht eines Pferdes; und ob ich am Ende gar Pferdewurst äße? Der Mann wollte den Kaufpreis eines Pferdes wissen.

35 Es zeigte sich, dass auch der Treppenabsatz meinen Gästen keine genügende Sicherheit bot. Pedro legte das Maul auf den Sims und wartete auf eine

---

1 *Kulak:* Großbauer im zaristischen Russland

Scheibe Brot. Der Mann sah in dieser Haltung des Hengstes einen Angriff. Seine Frau sollte sehn, dass er durchaus kein kleiner Held sei. Er stieß mit dem Fuß nach Pedros Maul.

Pedro stellte sich auf die Hinterbeine. Da flüchteten die Gäste ins Haus.

5   Beim Rundgang durch die Kate stellten meine Freunde viele Mängel fest. Keine Wasserleitung. Kein Eisschrank. Wie kann ein Mensch heute noch ohne Fernseh-Apparat leben? Sie entwickelten sofort einen Plan, wie diese Kate zivilisiert und zu einer menschenwürdigen Behausung umgebaut werden könnte. „Dort eine Veranda, dorthin einen Balkon." Ich fühlte mich von
10 Minute zu Minute sündiger und kleiner werden. Bei meiner Arbeit hatte ich all diese Mängel bis jetzt nicht bemerkt. Mit Zittern und Zagen dachte ich an das „Vogelhäuschen" bei der Scheune. Der Himmel verhüte, dass die Gäste den Wunsch äußerten dorthin geführt zu werden. Kaum hatte ich's ausgedacht, da fragte die Frau nach der „Toilette". Ich zeigte schuldbewusst in die
15 ungefähre Richtung. Es konnte auch der Wald gemeint sein. Da ich wusste, wie nass die Einrichtung unseres Vogelhäuschens an einem Regentag sein würde, bangte ich, bis die Frau zurückkam. Sie kam zurück und drängte zum Aufbruch. „So kann man nicht leben", zischte sie.

„Also doch kein Kulak?", fragte ich.
20 Der Mann formulierte eine theoretische Erklärung: „Meines Wissens leben auch Kulaken zuweilen primitiv. Das bringt das Landleben mit sich. Der Reichtum steckt in Ställen und Vorratskammern. Theoretisch gesehn bist du starker Individualist mit mindestens kulakischem Einschlag. Hüte dich, das Landleben ist in dieser Richtung verführerisch ..."
25 Ein Glück, dass die Frau es nun so eilig hatte.

Als der Besuch gefahren war, um in der Kreisstadt[1] vernünftig Mittag zu essen, ging ich in den Stall. Ich klopfte Pedro den Hals. Er wieherte. Das Wiehern war einem Gelächter verflucht ähnlich.

---

1 *Kreisstadt*: Die Verwaltungseinheiten in der DDR waren Bezirke und ihnen untergeordnete Kreise.

Wie ich ein Zirkus wurde

Im Spätherbst ging das nahrhafte Grünfutter zu Ende. Pedro sollte wenigstens täglich ein Pfund Hafer unter sein Häckselstroh gemischt bekommen. Ich musste für Hafer sorgen.

Auf unserem Kiesberg wuchs kein Hafer. Das war erprobt. Man erntete dort nicht die Hälfte der Aussaat. Hafer zu Überpreisen von Einzelbauern zu kaufen wäre ein Verstoß gegen die Gesetze unserer Republik gewesen.

Die Gesetze habe ich mit angefertigt und gebilligt. Sollte ich sie nun selber brechen? Wohin mich die Pferdeleidenschaft noch treiben würde!

Eines Nachts, als ich über dem letzten Teil meines Romans grübelte, schlich sich der fehlende Pferdehafer in meine Gedanken. Es tat sich mir ein Ausweg aus dem „Engpass" auf:

Ich ging zu den Genossen der Landwirtschaftsabteilung beim Rat des Kreises.

„Hört zu, ich bin ein Pferdenarr, aber doch nicht pferdenärrisch genug, um Schwarz-Hafer zu kaufen. Teilt mir bitte etwas Hafer für mein Pony zu, gebt mir einen Bezugsschein[1]."

Wie das so ist: Die Genossen und Kollegen im Landwirtschaftsbüro sahen sich vor einen Sonderfall gestellt. Sie kratzten sich die Köpfe, sahen in ihren Listen nach und sagten: „Lieber Genosse, wir haben kein Kontingent für solche Sonderfälle." Guter Rat war teuer wie Chinchillamausfelle[2]. Die Büroluft knisterte vom angestrengten Nachdenken.

„Wenn ich nun ein Zirkus wäre?", fragte ich vorsichtig.

„Ja, in diesem Falle …"

Es stellte sich heraus, dass es ein Kontingent für durchreisende Zirkusse gab. Zirkusse werden von der Verwaltung des Kreises, in dem sie gastieren, ausreichend mit Pferdehafer versorgt. Voll Neid hatte ich beobachtet, wie die Zirkusponys blanken Hafer aus ihren Krippen schroteten.

„Zirkuskünstler erhalten Hafer für ihre Pferde", sagte ich wehmütig. „Ich bin auch Künstler." Man konnte wieder hören, wie überlegt wurde.

„Da wäre vielleicht ein Weg", sagte einer der Kollegen. Der andere jedoch nahm sein Lineal, fiedelte damit am Ohr rauf und runter und sagte: „Du bist vielleicht ein Künstler, aber dein Pferd … ist es künstlerisch?"

„Es ist vor allem klein", sagte ich, „Pferde von dieser Größe kommen fast nur im Zirkus vor." Ich zog den Kollegen an das Bürofenster. Vor dem Ge-

1 *Bezugsschein:* Berechtigungsschein für den Einkauf von Mangelware
2 *Chinchilla:* südamerikanisches Nagetier mit wertvollem Pelz; auch: Wollmaus

bäude der Kreisverwaltung stand meine Frau. Sie bewachte Pedro. In diesem Augenblick kam ein Stutengespann die Straße herauf. Pedro stieß in seine Hengsttrompete. Ehe sich's meine Frau versah, stand er auf den Hinterbeinen, wie es die Steigerpferde im Zirkus tun. Ich rannte hinaus, um meiner Frau behilflich zu sein. Als ich zurückkam, erhielt ich meinen Bezugsschein. Nun habe ich gegenüber den Kollegen von der Kreisverwaltung ein schlechtes Gewissen. Eigentlich habe ich mit Pedro nie echten Zirkus gemacht. Vielleicht verzeihen sie mir aber, wenn ich ihnen eines Tages dieses Pony-Buch auf den Bürotisch lege, und sie richten ein Sonderkontingent für „Bücherpferde" ein. Bücherpferde gehören nicht zur Rasse der Amtsschimmel.

Der Mondwagen

Der Morgen graute soeben, da war's mir, als hätte draußen jemand gerufen. Es stand ein Bote vor der Tür. Es war der Bote des Winters im glitzernden Mantel.

„Bitte?"

„Der König der Kälte wird sein Biwak[1] im Dorf und in den Wäldern aufschlagen."

„Danke." Mit den Boten kalter Könige muss man sich gut stellen. Ich bot dem Kurier eine Zigarre an. Er lehnte ab. Er lutschte Eiszapfen.

Höchste Zeit, das Winterholz anzufahren. Bei allem Schreiben darf man die Wärme nicht vergessen.

Der Förster gab uns einen Holz-Sammel-Schein[2]. Die ganze Familie knackte in den Wäldern umher. Die Eichkätzchen richteten sich in ihren Winterkobeln[3] ein. Sie neckten sich mit uns und schnalzten. Die Eichelhäher verbreiteten die Nachricht im Revier: „Schrä, schrie, die Stadtleut holen Holt[4], knarre, knarre, Holt!"

Es führt ein Weg am abschüssigen See-Ufer entlang. An seinem Rande stapelten wir unser Leseholz. Einen Tag später fuhren wir mit unserem Wackelwagen in den Wald. Christa und der kleine Ilja kuschelten sich bei

---

1 *Biwak:* behelfsmäßiges Nachtlager im Freien
2 *Holz-Sammel-Schein:* Berechtigung, im staatlichen Forst Holzbruch einzusammeln
3 *Kobel:* Nest
4 *Holt:* Holz (niederdt. Dialekt)

mir auf dem Sitzbrett. Der Wagen hat keine Bremse. Der Kasten ist hoch. Unser Sitzbrett schwankte hin und her.

„Wird uns der Wagen am Seehang nicht kippen, Vater?"

„Kippt er zum See, beugen wir uns zum Wald; kippt er zum Wald, beugen
5 wir uns zum See. Wir werden doch schlauer sein als der kippsüchtige Wagen."

Gut, der Abhang kam. Das Ufer wurde steiler. Der kleine Kuhwagen neigte sich zum See. Christa klammerte sich an die Wagenrunge und Ilja klammerte sich an Christa.

10 „Ruhig, dort ist der Holzhaufen."

Ein Baumstumpf kam uns vor das rechte Vorderrad. Der Wagen kippte zum See. Christa vergaß, dass sie sich nach rechts legen musste. Pedro wurde unruhig und riss an den Strängen. Der Wagen kippte um. Es krachte, knackte, spellte und klirrte. Der Wagen barst in Stücke wie vor Wochen auf der
15 Bahnstation. Christa ließ den kleinen Ilja nicht los und kullerte mit ihm lautlos die Böschung hinunter.

Pedro war vom Zerbersten des Wagens verschreckt. Erst stieg er, wie sich das für einen Hengst gehört, dann feuerte er aus[1]. Die Wagenschere hatte sich gelöst. Beim Herunterpurzeln fiel mir die Leine aus der Hand. Pedro
20 hatte freien Lauf. Er preschte mit der Wagenschere davon.

Am See-Ufer rappelten sich Ilja und Christa auf. Dem weichen Waldmoos sei Dank! Ilja kletterte die Böschung hoch und schrie. Hatte er sich wehgetan? Nein, er schrie um das verlorene Fuhrwerk.

Das Fuhrwerk hatte sich aufgelöst: hier ein Brett und da ein Brett, ein lo-
25 ses Rad, ein eiserner Bolzen. Auf den Schlachtenbildern in meinem Schullesebuch lagen die Wagenteile so malerisch umher.

Pedro war nicht mehr zu sehen. Nach der Spur, die die schleifende Wagenschere im weichen Waldboden hinterlassen hatte, nahm ich die Verfolgung auf. Ich fand eine Schake[2] vom Ortscheit, dann eine dicke Schraubenmutter,
30 ein Stück weiter eine Strangkette; schließlich, zwischen zwei Baumstämme geklemmt, die Wagenschere. Von da an musste ich mich an Pedros Hufspuren halten. Sie gingen einmal im Zickzack, einmal im Kreis; bis der Hengst den großen Fahrweg erreicht hatte und nach Hause gerannt war.

Ich fand Pedro friedlich im Garten grasend. Er schaute sich um.

35 „Was ist?"

„Ein Durchbrenner bist du!"

---

1 *ausfeuern:* ausschlagen
2 *Schake:* Kettenglied

„Gerassel und Geklimper waren hinter mir her."

Was sollte ich antworten? Er fürchtete sich vor seinem eigenen Geschirr wie ein ängstlicher Mensch vor seinem Schatten.

„Womit werden wir jetzt fahren?", jammerte Ilja. Ich setzte mich an meinen Roman, denn ich habe mich dazu erzogen, mein Tagespensum herunterzuschreiben, mag der Tag mir an persönlichen Aufregungen bringen, was er will. Die Holzfuhre sollte eine Schnaufpause sein und wäre fast ein Unglück geworden.

Am Abend stand der Nachbar auf dem Hof. „Es liegt ein Wagenrad am See."

Ich wusste besser, wie viel Wagenräder am See lagen, und suchte dort die Wagenteile zusammen. Was fehlte, holte ich von daheim aus der Handwerkskiste.

Der Mond kam hoch. Unser Wagen stand beladen am Ufer. Nach dem Abendbrot flickte ich Pedros Geschirr und ging dann mit Ilja an der Hand zum See.

„Siehst du den Wagen?"

„Wo war er, Vater?"

„Der Mond kam mit ihm gefahren."

Meine Autorität als Vater und Kutscher war wiederhergestellt.

Pedro spuckt Geldstücke

Nun war auch der Reiher davongeflogen. Er war den Frühling und den Sommer lang, bis tief in den Herbst hinein, über unsern Hof gezogen. „Ob's noch schmeckt? Ob's noch schmeckt?", hatte er gekrächzt, wenn er zum Bach flog. Kam er mit dickem Kropf zurück, schrie er: „Hat geschmeckt! Hat geschmeckt!"

Am Schreibtisch in der ungeheizten Stube bekam man schon kalte Füße. Beim Sitzen kreist das Blut schlecht. Ich ging in die Scheune und schnitt Häcksel. Nach einer Weile kam mein Blut in Bewegung. Mir wurde so warm, dass ich die blaue Arbeitsjacke auszog. Hemdsärmelig häckselte ich weiter.

Im Pferdestall taten sich Wunder. Am Morgen fand ich in Pedros leer geleckter Krippe ein Pfennig- und ein Zehnpfennig-Stück.

Beide Geldstücke trugen Kerben von Hengstzähnen. Ich legte die Münzen auf meinen Schreibtisch.

Am nächsten Morgen lagen zwei Fünferstücke in der leeren Pferdekrippe.
„Bezahlst du jetzt dein Futter?"
Pedro schwieg. Ich legte die Geldstücke zu den anderen auf meinen
Schreibtisch.
5   Wenn ich schreibe, schaut meine Frau mir zuweilen über die Schulter.
„Jetzt lässt du deinen Helden geradezu ins Unglück rennen", sagte sie.
„Es sieht nur so aus."
Meine Frau tippte auf das angeknabberte Geld. „Hamsterst du Klein-
geld?"
10   „Es sieht nur so aus."
Ich erzählte ihr die Geschichte von Pedros rätselhaftem Futtergeld. Sie
lachte spöttisch.
Am nächsten Morgen war ich wirklich gespannt. Wie viel würde der
Hengst zahlen? Nichts. Kein Sechser in Pedros Krippe. Dafür waren es tags
15   darauf drei Zehner.
„Du bezahlst unregelmäßig und uneinheitlich. Legen wir fest: ein Abendfutter fünfzehn Pfennige", sagte ich zu Pedro. Der Hengst schwieg.
Jetzt lauerte die ganze Familie auf die Geldgaben unseres Wunderpferdchens. Ilja war überzeugt, dass der Gold-Esel aus dem Märchen zu uns ge-
20   kommen wäre. Na, Ilja ist ein Kind. Ich bin ein Erwachsener. Solchen Leuten gelingt's nur noch selten, Wunder zu sehen. Ein Erwachsener sieht Pro-
bleme.
Und doch hielt sich das Wunder über eine Woche. Wenn ich morgens
vom Füttern aus dem Stall kam, hieß es: „Was hat er bezahlt?" Und Pedro
25   hatte entweder gar nicht, unzureichend oder überbezahlt. Meine spottfreu-
dige Frau verdächtigte mich: „Du hältst uns zum Narren!"
„Nein, nein, nein – drei Eide!"
Ich durchsiebte den Hafer, ich durchsiebte den Häcksel. In der Häckselkiste fand ich drei Pfennigstücke ohne Zahnspuren. Die erste Hälfte des
30   Wunders war geklärt. Tags darauf erklärte sich mir auch die zweite Hälfte:
Ich legte, als es mir beim Häckselschneiden zu warm wurde, meine blaue Arbeitsjacke über den Rand der Häckselkiste, da klimperte es leise. Aha, dachte ich; eben hat sich das Wunder vollzogen.
Meine Jacke war das Zaubertuch gewesen. Ohne sie und das Kleingeld in
35   ihren Taschen hätte Pedro keine „Taler" spucken können. Der kleine Ilja
war enttäuscht. Er hätte lieber einen Märchen-Esel im Stall gehabt. Unter
uns: Ich auch.

Pferdeerfahrungen

Der Winter war da. Auf dem Hofe führten die Krähen das große Wort. Sie saßen auf dem Scheunenfirst und beobachteten, was im Hofe vorging. Mit schief gehaltenem Kopf blinzelten sie von ihrer Höhe herab: Der Mistkorb wurde ausgeschüttet. Die Hühner erhielten Weichfutter. Für uns auf dem Vorwerk ist's ein Ereignis, wenn es im Dorfkonsum Torte gibt. Für die Krähen ist's ein Ereignis, wenn unser Boxer-Hund Pan etwas von seiner Mittagsmahlzeit in seiner Futterschüssel lässt. Gingen wir ins Haus zurück, wurden die grauen Krähenkleckse auf dem Scheunenfirst lebendig. „Die Luft ist rein", quarrte die eine.

„Kartoffelstückchen", krächzte die andere.

Plumps, waren sie auf dem Hof und fuchtelten mit ihren Schnäbeln wie mit kleinen Dolchen um sich. Sie mausten rasch und frech. War die Diebsbeute klein, so mahlzeiteten sie auf dem Scheunenfirst. Handelte es sich um einen größeren Brocken, so flogen sie damit zum Wald. Öffneten wir beim Raubgang der Krähen ein Fenster und schimpften die Diebe aus, so erhoben sie sich und flogen davon. Künftig schielten sie beim Rauben zum Fenster und strichen schon ab, wenn wir nur an den Fensterwirbel griffen. Krähenerfahrungen.

Wenn wir im Winter auf dem Hofe arbeiteten, ziehn wir unsere Schafpelz-Westen über. Hat auch Pedro eine Pelzweste? Er hat eine. Wie die Kälte der Erde eine Frosthaut verpasst, so verpasst sie Pedro eine Pelzweste. Das Hengsthaar wird dick und wollig. Man dringt mit dem Striegel nicht mehr bis auf die Pferdehaut. Pedros Pferdepelzweste ist ein Wintergeschenk der Natur. Geschenke der Natur sind unvollkommen. Der Hengst kann seine warme Weste nicht ausziehn und über die Stuhllehne hängen, wie wir Menschen es mit unseren Pelzwesten tun. Pedros Wärmweste ist ein Erzeugnis blinder Naturerfahrung. Hier hast du die Weste! Sieh zu, wie du damit fertig wirst. Du wirst nicht frieren, wenn es kalt ist, aber sollte es auf ein, zwei Tage wärmer werden, so wirst du schwitzen.

Der Mensch hat eine Vorzugsstellung auf der Erde. Er erhob sich über die blinden Erfahrungen der Natur. Er sammelte eigene Erfahrungen. Er zieht die Jacke an, wenn's ihm zu kalt ist, zieht sie aus, wenn's ihm zu warm ist.

Und doch sammelt auch Pedro Erfahrungen. Kleine Pferdeerfahrungen. Er wird durch sie ein wenig freier als der Maulwurf oder der Wurm:

Zur Winterzeit war Pedros Stallmut groß. Führte ich ihn morgens aus dem Stall, so konnte er kaum erwarten, bis er abgezäumt und zum Toben

und Umherbrausen freigegeben wurde. Meine Gedanken waren oft nicht beim Pferdeführen. Ich dachte zum Beispiel an einen kleinen Mann in meinem Roman, den ich eine Heldentat begehen lassen wollte. Pedro merkte sofort, wenn ich nicht bei der Sache war. Er stieg steil auf und versuchte mir die
5 Zügel zu entreißen. Es gelang ihm nicht. Er fuchtelte drohend mit den Vorderhufen. Ich versetzte ihm mit der Reitgerte einen sanften Schlag auf die Nase. Er quittierte den Rutenstreich mit Stöhnen. Ich erschrak über meine Roheit, schalt mich einen grausamen Menschen, der seinem Pferdchen die Lebenslust verwehrt, und ging mit mir ins Gericht. Am nächsten Tage wie-
10 derholte sich das Spiel. Mein Rutenstreich fiel sanfter aus.

Der Hengst stöhnte trotzdem wie ein Menschenkind, das betrübt feststellt: „Nichts darf man!"

Schließlich kam ich dahin, die Rute nur anzuheben, wenn Pedro der Übermut zwackte. Er seufzte, der Auskenner!

15 Wieder geriet ich in Gefahr, mit Pedros Klugheit zu prahlen: Seht mein kluges Pony! Es will Mitleid erwecken. Da aber protestierte der wissenschaftliche Mensch in mir: „Das Stöhnen beim Anblick der Reitgerte ist ein Reflexlaut. Läuft dir nicht auch das Wasser im Munde zusammen, wenn im Konsum frisches Sauerkraut verkauft wird?"

20 Der Schnee auf dem Gartenweg trat sich fest. Der Weg wurde glatt. Im Winter gibt's für Pedro im Gemüsegarten nichts zu naschen und zu verwüsten. Er darf frei aus der Koppel in den Stall zum Abendfutter preschen. Auf dem Gartenweg rutschte er und musste deshalb im Schritt gehn, obwohl die Futtergier in ihm brannte. Er verließ den Weg und stampfte über das rauhe
25 Topinamburfeld[1]. Dort konnte er ausgreifen. Am nächsten Abend benutzte Pedro den Gartenweg für ein paar Schritte, dann erinnerte er sich seines guten Galopps auf dem Feld. Am dritten Abend sauste er nur noch über die Topinambur-Feld-Rennbahn. Pferdeerfahrungen!

Der Eingang zur Gartenkoppel wurde mit drei Schiebestangen verschlos-
30 sen. Nahte die Zeit des Abendfutters, stand Pedro vor diesen Stangen und wartete, bis man ihn herausließ. Pedros Magen war seine Uhr. Zur Futterzeit setzte diese Magenuhr statt einer Weckerschelle die Hengsttrompete in Tätigkeit. Hielt mich meine Schreibarbeit länger in der Stube, weil mich eine Romanstelle beim Schreiben so in Spannung versetzte, wie sie später den Le-
35 ser in Spannung halten sollte, so wurde Pedro ungeduldig. Er biss in die obere Torstange und rüttelte daran. Eines Abends nun löste sich diese Stange.

---

1 *Topinambur:* Gemüse- und Futterpflanze

Sie war nur leise eingeschoben und fiel herunter. Da biss Pedro in die zweite Stange und auch die löste sich. Die dritte und unterste Stange übersprang der Hengst. Er setzte durch den Garten, polterte auf den Hof, soff aus dem Brunnentrog und untersuchte die Hühnerkrippe. Ich ließ meine Schreibar-
5 beit liegen.

Pedro kam mir brummelnd entgegen: „Schöne Sachen: Die Uhr übersehn, die Trompete überhört!"

Tags drauf wurde Pedros Magenuhr von der Gier getrieben. Sie ging auf einmal liederlich wie der Wecker in meiner Schlafkammer. Der Hengst hob
10 schon eine Stunde vor der Abendfutterzeit die erste, dann die zweite Stange des Koppeltores aus und trabte brummelnd auf den Hof. Ich zankte mit ihm: „Man hat seine Arbeit. Meine fünf Seiten Korrektur sind noch nicht fertig. Sollst du einen schuftenden Schriftsteller zum Spielen verleiten?"

Ich befestigte die zweite Stange am Koppeltor mit einem Nagel. Diese
15 Maßnahme wirkte zwei Tage. Am dritten Tag tummelte sich Pedro wieder eine halbe Stunde vor der Futterzeit im Hofe. „Hast du den Nagel mit den Zähnen ausgezogen?"

„Rommummrommum!", machte der Hengst. Am Tor der Gartenkoppel sah ich: Der Nagel saß fest. Pedro hatte die zwei Stangen übersprungen. Höhe:
20 ein Meter. Die Fressgier wird den Hengst noch über Häuser springen heißen.

Christa auf der Krippe

Der Winter stellte sich vor, schwenkte seine Eismütze zur Begrüßung, dass es in den Bäumen brauste, und ging wieder weg. Er ging seine weißen Teppiche holen, sein Kristall und all die vornehm-kalten Dinge. Die Wiesen wurden noch einmal grau-grün. Um die Mittagszeit schmolz der Frost an
25 den Hälmchen.

Wir waren oft in der Stadt, besuchten die Theater, hörten uns Konzerte an und trafen uns mit unseren Kollegen auf Tagungen und Konferenzen. All das gehört zum Leben und eigentlich auch zum Dorf. Unser Dorf aber liegt seitab in den Wäldern zwischen Seen. Es muss auf alles Neue länger warten
30 als andere Dörfer. Acht Kilometer von hier gibt es ein Kulturhaus mit einer richtigen Kleinstadtbühne. Ein Reisetheater der Bezirksstadt spielt dort einmal im Monat, aber die Wege sind winters so schlecht, dass man nachts die Stiefel im Dreck verliert. Man hat schon Theater, bevor man ins Theater kommt.

Wenn wir in der Stadt sind, versorgt einer unserer Nachbarn den Hengst. Der Genosse Nachbar war Haumeister im Walde, bis ihm ein fallender Baum ein Bein zerschmetterte. Er ist ein Pferdenarr wie ich. Wenn's unsere Zeit erlaubt, hocken wir ein halbes Stündchen auf der Ofenbank und er-
5 zählen uns Pferde- und Waldgeschichten. Der Genosse Haumeister ist stets fröhlich und lacht gern. Ich liebe Menschen, die ein Unglück nicht aus der Bahn wirft.

Eines Tages begehrte Christa auf. Sie wollte Pedro versorgen, wenn wir in der Stadt waren.

10 „Pedro und ich sind Freunde", sagte sie und stampfte mit dem Fuß auf. Gut, Christa sollte Pedro füttern. Man darf junge Menschen nicht hindern Erfahrungen zu sammeln.

Die Stallkette lässt Pedro viel Bewegungsfreiheit. Er kann sich quer in sei-nen Stand stellen, auch umdrehen. Ist die Futterzeit da, so steht der Hengst
15 wartend quer in seiner Box. Er lauert zur Tür hin. Bringt man ihm Futter, so muss man ihn scharf anreden und darf nicht dulden, dass er sich auf die Fut-terschwinge[1] stürzt, bevor man sie ausgeschüttet hat. In der Krippe wird der trockene Häcksel etwas angefeuchtet, damit ihn Pedro nicht auspustet, um an den blanken Hafer zu kommen.

20 Christa ging mit Häckselfutter in den Stall. Pedro brummelte, wieherte und sprang: Fressensvorfreude. Christa bat ihn, sich umzudrehn. Allzu gro-ße Höflichkeit ist bei Pferdefreundschaften nicht angebracht. Der Mensch ist der Mensch und hat einen Willen. Das Pferd ist ein Pferd und braucht Befeh-le. Pedro gab den Weg zur Krippe nicht frei.

25 „Lieber, lieber Pedro, lass mich bitte durch!" Pedro ging wirklich ein we-nig zur Seite.

Christa schlüpfte mit der Schwinge vorbei und schüttete das Futter in die Krippe. Bei mir muss Pedro nun warten, bis das Futter angefeuchtet ist. Bei der höflichen Christa wartete er nicht, er stürzte sich auf seine Mahlzeit.

30 Christa wollte Wasser unter den Häcksel mengen. Sie drängte den fres-senden Hengst sanft zur Seite. Da schoss Pedros Futterneid auf wie Un-kraut. Er schnappte, drehte sich schnell um und feuerte aus. Christa sprang in ihrer Not auf die Krippe. Von dort aus bat sie Pedro, vernünftig zu sein und sich ihrer Freundschaft zu erinnern. Pedros Freund ist, wer ihm Futter
35 gibt; wer ihm Futter wegnimmt, ist sein Feind. Der Feind stand also auf der Krippe. Er hieß Christa. Sobald sich das Mädchen rührte, schnappte Pedro

---

1 *Futterschwinge:* länglicher Futtertrog

hin. Du liebe, lange Zeit! Als der Hengst sein Futter halb ausgefressen hatte und Christa vor Angst schwitzte, kam der Nachbar in den Stall. Ich hatte ihn heimlich bestellt. Er befreite Christa. Sie bedankte sich und hatte gelernt: Alles zu seiner Zeit – auch die Höflichkeit.

Das Eberholz

5   Der Frost glitzerte. Das Gras erfror. In der Nacht flogen die Graugänse über den Hof. Wir sahen sie nicht, doch wir hörten den Leitganter an der Spitze des Flugkeils: „Hier entlang! Hier entlang!"
   „Wie das friert! Wie das friert!", antworteten die Gänse. Wer das Gespräch der einsamen Vögel unterm Sternenhimmel gehört hatte, ging gern in
10 die Stube an den Kachelofen, um Briefe und Geschichten zu schreiben. Der Winter konnte uns in unserer kleinen Kate nicht kriegen. Wir hatten trockenes Holz, das im Ofen knackte. An den Nachmittagen holten wir immer noch Holz heran. Mit dem leichten Pedro und dem neuen gummibereiften Wagen konnten wir auch Wege befahren, die die Bauernkutscher mieden.
15 Manches Stück Feuerholz lag zwischen den Sümpfen und reckte die knorrigen Ast-Arme aus: „Nehmt mich mit. Ich mach euch ein schönes Ofengesumm, koch euch Kartoffeln und back euch Plinsen[1]!"

   Wenn ich mit Pedro ins Holz fuhr, war er zugleich mein Spürhund. Wo die Spur eines Wildschweins unseren Weg kreuzte, schnaubte und schnarch-
20 te er. Manchmal fürchtete er sich, versuchte umzukehren und heimzuhetzen. Das hätte ausgesehn: Ohne Holz nach Hause, weil wir uns vor Wildschweinen fürchten! Ich sprang vom Wagen, klopfte dem Hengst den Hals und raunte ihm meine Zauberformel zu: „Ruhig, ruhig, tut nix!" Pedro ließ sich am Zügel über die Wildschweinfährte hinwegführen. Er schaute sich noch
25 einmal um, schnaubte, rollte furchtvoll die Augen und ging weiter.
   Ich lud Holz zwischen den großen Seen. Die Erde trug dort einen dünnen Schneeschleier. Es dämmerte. Der Himmel hinter den windzerwühlten Kiefern war eine Sonnenlohe[2]. Der weiße Wintertag ging ins rote Seidenbett.
   Ich trug Holz zusammen. Pedro knabberte Heu aus dem Sack. Das scheu-
30 grüne Heu duftete in der Frostluft. Der Duft schürte meine Sommersehnsucht. Der Hengst wurde unruhig. Ich wies ihn aus dem Wald heraus zu-

---

1 *Plinsen:* Reibekuchen (niederdt. Dialekt)
2 *Lohe:* Glut, Flamme

recht. Die Zurechtweisung hielt nicht lange vor. Pedro stampfte mit den Vorderfüßen. Der Heusack kullerte wie ein großer Fußball davon. Ich wurde böse. „Solln wir bis zum Mondschein Holz laden?" Pedro zerrte am angebremsten Wagen. Ich rannte hinzu, das Geschirr vorm Zerreißen zu 5 schützen. Kaum hielt ich den Hengst beim Zügel, da knackte und rauschte es im Walddickicht. Ein großer Wildschwein-Eber polterte über den Weg. Pedro zitterte. Weshalb sollte er nicht? Er ist ein kleiner Hengst. Dort trottete ein Riesen-Eber mit säbeligen Hauern. Selbst die mutigsten Waldleute redeten mit Respekt von diesem Über-Eber. Er schien das zu wissen. Er hat-
10 te es gar nicht eilig; er hob die Nase, zwinkerte wie ein kurzsichtiger Großvater zu uns herüber, drehte sich dann jäh um und zeigte uns sein verdrecktes Hinterteil.

„Weiter kann er nichts", sagte ich und klopfte Pedro beruhigend den Hals. „Wir hätten ihm eine hinten draufklatschen solln." Pedro vertraute
15 mir und meinem großspurigen Gerede nicht. Ganz wohl war auch mir nicht, als ich den Borstenkamm auf dem Eberrücken sah. Erst als das Ebervieh uns den zahnlosen Teil seines Körpers zuwandte, kletterte mein Mut aus der Weste. Ich sprang auf den Wagen und gab Pedro frei. Der Schnee stob. Das Holz auf dem Wagen rappelte. Die Fuhre wurde kleiner. Sie verlor sich. Eine
20 Viertelstunde später kamen wir daheim auf dem Hofe an. „Wolltet ihr nicht Holz holen?", fragte meine Frau. „Ja, wir holten Eberholz. Es sprang uns unterwegs vom Wagen."

Das Silberpferd steht im verschneiten Wald

Der Winter holte Atem. Vor Weihnachten hob er seine Schneedecke und sah nach, ob darunter schon alles erfroren wäre. Bis auf die zähe Vogelmiere[1]
25 im Garten und einige Büschel Schafschwingel[2] auf dem Kiesweg war alles erfroren. Der Schafschwingel hatte im Schutze der Haselbüsche[3] den weißen Tod überstanden. Er zitterte im Winde. Pedro gierte über den Koppelzaun. Ich ließ ihn hinaus.

„Hol dir die Hälmchen! Bleib in der Nähe!" Der Hengst stürzte sich auf
30 das spärliche Graugras.

---

1 *Miere:* Gattung der Nelkengewächse; Kräuter oder Halbsträucher
2 *Schafschwingel:* Weidegras
3 *Haselbusch:* Strauch

Kaum saß ich vor meiner Schreibarbeit und begann mich mit meinem Romanhelden über sein letztes Abenteuer zu unterhalten, da sah ich den Hengst durch das Wiesental stieben. Renn nur, dacht ich, gleich wirst du am Bach sein. Die Welt hat auch solche Zäune.

Der Bach war zugefroren. Eine Schneedecke lag auf dem dünnen Eis. Pedro sah darin kein Hindernis für seinen Freiheitsgalopp. Die Eisdecke brach. Klatsch-klirr, mein Hengst verschwand im Bach. Eine Weile war nichts von ihm zu sehn. Das jenseitige Bachufer ist steil. Ich wurde unruhig und lief hinaus. Ein Pladdern und Rauschen, als ob eine Schar Wildenten vom Wasser aufstiege: Der Hengst sprang aus dem Bach. Pedro sah verwundert in die Welt. Sein Schwanz war durchnässt und dünn wie der Schnurrbart des Postboten, wenn es regnet. Pedro schüttelte sich, feuerte nach einem unsichtbaren Feind aus, galoppierte wieder an, durchquerte das Wiesental und verschwand im dichten Wald.

Ich schwang mich aufs Fahrrad. Im Wald lag der Schnee noch dick. Ich musste zu Fuß weiter. Eine Naht aus Hengsttapfen führte durch eine Schneise. Die Eichelhäher erzählten aufgeregt vom „hornlosen Hirsch", der schnaubend durch den Wald stampfte. Aus der Schneise führte die Hengstspur in den Hochwald. Ich konnte ablesen, wo Pedro getrottet, getrabt, galoppiert war oder wo er gestanden und gerupft hatte.

Nach einer Viertelstunde führte die Hengstspur wieder zur Schneise, ging dort eine Weile geradeaus und schwenkte dann nach links heraus. Ich schwitzte, stampfte durch den Schnee und gelangte nach einiger Zeit wieder auf die Schneise. So durchlief ich vier von Pedros Suchkreisen. Diese Kreise wurden größer und größer. Der letzte stieß auf eine zweite Schneise, aus der wir einmal Holz abgefahren hatten. Auf dem Platz, an dem wir unsere Fuhre geladen hatten, stand Pedro und rupfte Heidekraut. Das Bachwasser war in seinem dichten Winterhaar zu Eiskristallen erstarrt. Ein Grauschimmel stand im Wald. Der Winter hatte den Hengst in seine Waldgemächer gelockt und verzaubert, Pedro warf den Kopf hoch, brummelte in Wiedersehensfreude, ließ sich packen und ging wie ein Schaf nach Hause.

Hätte der Hengst ohne mich heimgefunden? Ja. Wie die Brieftauben in der Luft, so trieb Pedro es auf der Erde. Werden die Tauben an einem unbekannten Ort aufgelassen, so ziehen sie Spiralenkreise. Sie erweitern die Kreise, bis eine der Kreislinien auf einen Ort stößt, den sie kennen. Von diesem Ort fliegen sie stracks in den Heimatschlag. Ich hätte mich nicht um Pedro zu sorgen brauchen. Er ist ein Brieftauben-Pferd.

Das Pony-Karussell

Neuer Schnee war gefallen. Wenn der Winter gute Laune hatte, gleißte und glitzerte die Welt. Man zögerte morgens, das Prachtgewand der Erde zu zerstampfen. Sollten Menschen und Tiere aber dieser Pracht wegen hungern?

5 Bald zogen sich die Nähte unserer Fußspuren über den Hof: vom Stall zur Scheune, von der Scheune zur Vorratskammer. Zum Hoftor herein kam die Spur des Postboten. Er brachte Nachrichten und Anforderungen aus der Stadt. Die Spur des Briefträgers mischte sich auf der Straße mit den Spuren der Waldarbeiter. Die Motorradspur des Försters schlängelte sich zwischen
10 die Tapfen der Waldarbeiter und die breite Spur des Milchwagens erzählte: Das ist der Weg zur Stadt. Am Nachmittag war unser Hof mit einem Netz von Fußspuren überzogen. Auch im tiefsten Winter verrichte ich täglich mein Pensum Handarbeit. Ich warf den Kompost um und goss Jauche drauf. Beim Verschnaufen erfreute ich mich am Schneegeglitzer im Wiesental. Die
15 Hühner girrten: „Sieh da, sieh da, frische, frische Erde!" Sie pickten und stappten im Kompost. Keine Käferlarve, kein Würmchen entging ihnen. Die aufgeplusterten Schwarzdrosseln äugten neidisch aus dem Sauerkirschgesträuch: „Tschapp, tschapp, lasst was übrig, lasst was übrig!" Ein Stieglitzschwarm fiel mit leisem Geläut in die struppigen Stengel der Grauen Melde[1]
20 ein. „Klingling, Klingling!" Hier ein Sämchen, dort ein Sämchen. Der Winter ist bitter. Wir sind so fröhlich, wie's geht.

Der Wind ging hoch und hohl. Er kehrte am Himmel neue Schneeberge zusammen.

Pedro durfte auch an den Hochwintertagen nicht im Stall stehn und „ros-
25 ten". Seine flinken Beine brauchten Bewegung. Am Nachmittag brachte er sich in Erinnerung. Er stellte ein Vorderbein in die holzene Krippe. Mit dem Bein bummerte er gegen das Krippenholz wie ein Paukenschläger, bevor der Marsch beginnt. Am Spätnachmittag, wenn das erste Mal korrigiert war, was ich am Morgen geschrieben hatte, leistete ich mir ein Spielchen mit Ped-
30 ro in der Gartenkoppel. Wir spielten Pony-Karussell. Ich knüpfte den Hengst an eine lange Leine. Die Pferdemänner nennen diese Leine – Longe. Griff ich nach der Peitsche, so machte Pedro einen Satz und rannte davon. Er rannte, bis die Freiheit der langen Leine aufgebraucht war, dann blieb ihm nichts übrig, als im Kreise zu laufen. Im Mittelpunkt des Kreises stand ich

---

1 *Melde:* Gattung der Gänsefußgewächse; Vorkommen an Meeresstränden, auf Schutt, Äckern und an Wegrändern

und knallte mit der Peitsche. Pedro feuerte übermütig aus und galoppierte, dass der Schnee stob. Zirkus.

Nach einer Weile wechselte ich die Leine aus der linken in die rechte Hand. Die Peitsche hingegen wanderte aus der rechten in die linke Hand. Das war für Pedro das Zeichen, sich zu drehen und den Kreis in entgegengesetzter Richtung zu nehmen. Ein feines Getümmel! Unser Atem ging schnell. Wir rissen die klare Winterluft in unsere Lungen. Pedro bekam ein schaumiges Maul, ich eine schweißbedeckte Stirn.

Medizin für Stall- und Stubenhocker!

Ich versteckte die Peitsche hinter meinem Rücken und kommandierte: „Schriiitt!" Der Hengst sah die unangenehme Peitsche nicht mehr und fiel sofort aus dem Galopp in den Schritt. Dabei ruhten wir etwas aus. Dann ließ ich die Peitsche wieder sehn und sagte: „Trrrab!" Pedro flüchtete und fiel in den Trab. Schließlich schwang ich die Peitsche und knallte. Aus dem Wald hallte das Geknall vielfach zurück: „Galopp!"

So übten wir die Gangart mehrmals hinauf und hinunter, bis wir müde wurden. Im Neuschnee waren zwei dunkle Kreise ausgetreten; ein kleiner und ein großer. Den großen Kreis hatte Pedro, den kleinen hatte ich angefertigt.

Die Sonne verschwand hinterm Wald. Der Schnee wurde blau. Zwischen den Kiefernstämmen sah man den Himmel schwefelgelb und blaugrün leuchten. Die Krähen flogen lautlos von ihren Fraßplätzen zu ihren Schlafbäumen.

Ein Keil Wildenten fuhr knarrend über uns hin. In der Mitte des großen Sees war die Eisdecke noch dünn wie ein Häutchen. Dort fielen die Enten plätschernd ein. Das dünne Eis knisterte und knirschelte. Die Enten gründelten. Sie suchten im See ihr karges Winterfutter. Das Pony-Karussell machte Feierabend. Im Schlag stritten die Täuber mit Getrommel und Geruckse um ihre Nachtplätze. Der Mondkahn fuhr mutig durch dichtes Schneegewölk. In der Nacht hängte der Winter der Erde einen neuen, weißen Mantel über. Am Morgen zogen wir neue Spuren-Nähte durch den Schnee. Der Mensch findet sich nicht mit der weißen Starre ab.

Was mir Pedro erzählte

Ich hatte viel Zeit in der Stadt auf nötigen und unnötigen Sitzungen verbracht. Nun stürzte ich mich auf die Arbeit, schrieb und schrieb. Nichts in-
teressierte mich als der Held in meinem wachsenden Roman. Zuletzt schrieb
ich sogar im Schlaf. Die Romanfiguren bevölkerten meine Träume. Es wur-
5 de Zeit, meine Nerven zu beruhigen.
„Fahren wir nach Holz", sagte ich zu Pedro. Der Hengst war einverstan-
den.
Kaum waren wir im Wald, da ging's meinen Nerven besser. Sie verloren
ihre Spinnweben-Empfindlichkeit. Ich sang und stieß mit dem Peitschenstiel
10 Schneepolster von den Fichtenästen. Beim Holzsammeln fand ich rote Prei-
selbeeren unterm Schnee. Ich steckte sie mir an die Mütze. Ehe der Wagen
halb beladen war, waren mir so viele gute Gedanken zugeflogen, dass ich
schon wieder daheim sein und schreiben mochte. So springt das Leben mit
uns um: Es erscheint uns immer dort am reizvollsten, wo wir nicht sind. Weh
15 dem, der diese Eigenschaft des Lebens nicht durchschaut! Er kommt nie zur
Ruhe, nie zu Taten. Ich lud mein Holzfuder.
Heimzu saß ich auf der Fuhre, hing meinen Gedanken nach und ließ mich
durchfrieren. Oh, die Ofenwärme sollte nachher schmecken! Eine Nebelkrähe saß auf einem Kiefernast und machte sich über mich lustig: „Schön
20 warm? Schön warm?"
Ich knallte mit der Peitsche. Die höhnende Krähe flog davon.
Der Weg stieg an. Die Räder der Holzfuhrwerke haben Zeilen in den Sand
geschrieben. Notenlinien. Große Steine liegen wie Noten auf und zwischen
den Zeilen. Das ist die Melodie des Weges, dachte ich. Pedro schüttelte den
25 Kopf und schnaubte.
„Bist du nicht zufrieden?" Der Hengst blieb stehn. Ich stieg ab.
„Welche Mucken! Bist du nicht oft mit mir und einer hohen Fuhre über
das Bergchen gepoltert?"
Pedro tat zwei, drei Sprünge und stand mit der Holzfuhre mitten im
30 Wald. Die Vorderachse des Wagens hatte sich zwischen zwei hohen Kiefern
festgeklemmt. Pedro labte sich an Blaubeerkrautspitzen. Aha! Der Wagen
ließ sich weder vor- noch rückwärts schieben. Es blieb mir nichts übrig als
abzuladen. Dabei hielt ich Stichelreden für Pedro. Ob es vielleicht zu den
guten Eigenschaften eines angehenden Gebrauchspferdes gehöre, Holz in
35 den Wald zu fahren? Ein Ochse sei gescheiter als gewisse Pony-Hengste.

Meine ätzenden Reden machten keinen Eindruck auf Pedro. Er fraß. Ächzend schob ich den leeren Wagen rückwärts auf den Weg, schleppte das Holz ein zweites Mal aus dem Wald und belud den Wagen wieder. „Schön warm?", höhnte die Nebelkrähe. Pedro schlang Blaubeerkraut.

5 Endlich schuckelten wir heimzu. Ich überlegte: Wie war Pedro zu dieser neuen Unart gekommen? Mir fiel ein: Christa hatte, als ich drei Tage lang schrieb, eine Fuhre Holz mit dem Hengst geholt.

„Pedro hat mir von einem schlechten Kutscher-Mädchen erzählt", sagte ich daheim. Christa wurde verlegen. Sie sah den Hengst vorwurfsvoll an.

10 Pedro ließ sich das Stroh vom Wintermantel unserer Hofpumpe schmecken.

„In den Wald seid ihr gequert, weil die Fuhre zu schwer war. Ab- und wieder aufgeladen habt ihr. Der Hengst aber hat Blaubeerkraut genascht." Nun glaubte Christa nicht mehr, dass mir Pedro das alles erzählt hätte. Sie verdächtigte die Waldarbeiter. Aber wie war's denn? Es war so: Christa

15 wollte den großen Wildschwein-Eber sehn. Es dämmerte. Der Eber kam nicht. Sie wartete, sammelte Holz, lud und lud. Zuletzt war der Wagen überladen. Am Sandberg protestierte Pedro auf seine Weise gegen die Überlast. Er wollte den Berg umgehn, sprang hastig in den Wald und der Wagen verklemmte sich. Pedro fand mundiges Blaubeerkraut und fraß. Pedros Fress-

20 gedächtnis trieb ihn auch mit mir zum Blaubeerkraut, obwohl der Wagen nicht überladen war. Ihr seht: Wenn man sich in einem Pferdehirn auskennt, kann man sich von einem Pony Geschichten erzählen lassen.

Galopp wider Willen

Pedro sollte einen Menschen tragen. Ich benutzte die Zeit der „schneegepolsterten" Erde dazu, ihn das zu lehren. Wäre ich ein Cowboy, ein wilder

25 Pferdemann gewesen, hätte ich sagen müssen: „Ich werde den Hengst brechen und einreiten."

Vielleicht soll man es Leuten, die schnell ein Reitpferd benötigen, nicht verdenken, wenn sie ein Pferd mit wilder Gewalt für ihr Vorhaben „brechen". Ich benötigte nicht unbedingt ein Reitpferd. Ich sah also zu, was sich

30 mit Pedro ohne Gewalt erreichen ließ, und führte den Hengst nach dem Karussell-Spiel zur Mitte des Kreises. Mit der Pferdemähne zusammen packte ich die Trensenzügel[1], sprang ein wenig an und legte mich flachbäuchig auf

---

1 *Trense:* leichtes Pferdegeschirr

den Pferderücken. Pedro lauschte. Ich sagte meine Zauberformel: „Ruhig, ruhig, tut nix!" Das hielten wir beide eine Viertelminute aus, dann spürte ich, wie der Hengst sich anschickte mich abzuschütteln. Noch ehe er dazu kam, war ich auf den Beinen und belohnte ihn mit einer Mohrrübenscheibe. Er
5 kaute noch, da hing ich wieder auf seinem Rücken. Er schaute nach meiner Hand. Er wollte mehr Mohrrübe. Die Sache ließ sich an.

   Nach drei Tagen durfte ich bäuchlings so lange auf dem Hengstrücken hängen, wie es mir Spaß machte. Ich hatte längst Lust, mein rechtes Bein über Pedros Rücken zu werfen, um wenigstens so etwas Ähnliches darzu-
10 stellen wie einen zu Pferd sitzenden Menschen. Leute, die vorgeben mächtige Reiter zu sein, sind – wenigstens in ihren Erzählungen – nie vom Pferd gefallen. Ebenso fallen die Helden in Filmen und Wildwest-Groschenheften niemals mit der Nase in den Dreck. Ich bin kein Held, will keiner werden und darf deshalb zugeben, dass ich bei den vielen Pferden, die ich zuritt, des
15 Öfteren aus dem Sattel geflogen bin. Man hat, wenn man sich auf den Rücken eines nicht zugerittenen Pferdes niederlässt, stets eine kleine Mutprobe zu bestehn. Lange Überlegungen zehren am Mut. Also hinüber das Bein! Aufgesessen! Tief in den Sitz! Wirf mich ab, Pedro, oder trag mich! Pedro warf mich nicht ab. Die Vorbereitungszeit zahlte sich aus. Pedro
20 wandte den Kopf und verlangte sein Mohrrübenstück. Ich bezahlte für den Vorzug, ein Mann zu Pferde zu sein.

   Bei dieser Station auf dem Wege zur Reiterei verweilten wir wieder ein paar Tage. Täglich dehnte ich die „Sitzungen" auf Pedros Rücken aus. Ich rauchte dabei ein wenig, pfiff oder sang. Pedro begnügte sich auch mit mei-
25 nem Gesang, wenn die Mohrrüben-Stückchen fortgefressen waren. Bei diesen Gesangsübungen zu Pferde überraschte mich eines Abends meine Frau. Sie belächelte das Reiterdenkmal. „Na und?"

   „Man könnte ihn reiten", sagte ich und sprang sofort vom Pferderücken. Der feine Spott meiner Frau trieb mich an. In der nächsten Übungsstunde
30 presste ich meine Unterschenkel gegen den Pferdeleib und tupfte den Hengst mit der Reitgerte aufs Hinterteil. „Los!" Es ging. Es ging ohne Gewalt: Zuerst wurde jede Runde in der Gartenkoppel, dann jede zweite, schließlich jede dritte mit Leckerbissen bezahlt.

   Eines Sonntagsnachmittags, der Schnee war schon verschwunden, ritt ich
35 auf Pedro zum Koppeltor hinaus, dem Walde zu. Auch das ging gut. Wäre ein solider Mensch des Weges gekommen, so hätte er sagen müssen: „Sieh da, ein Reiter!"

An die Schulbuben unseres Vorwerks hatte ich nicht gedacht. Sie suchten den Wald auf Eichhörnchenkobel ab. Ich, der Reiter, wurde ihnen interessanter als alle Eichhörnchennester. Mit Geschrei rannten sie hinter mir her. Pedro missdeutete ihre freudige Zustimmung, wurde scheu und jagte mit mir davon. Also ritt ich meinen ersten Galopp auf Pedro – wider Willen. Ich hatte eine gute Figur zu machen, was auch kommen sollte. Mein Ruf als Reiter stand auf dem Spiel. Schulbuben verzeihen keine Schwächen. Wie hätte ich Ilja das Reiten beibringen sollen, wenn er gesehen hätte, der Reitlehrer kobolzt vom Pferd? Pedro schien zu fühlen, worauf es ankam. Er stürmte im weichen Galopp den Wiesenweg hinunter und machte keinen Versuch mich abzuschütteln.

Seine Mohrrübe erhielt der Hengst hinter einem Waldhügel. Dort konnten uns die kreischenden Jungen nicht mehr sehen.

„Ich glaube, wir haben uns gut benommen, wie?"

Pedro nickte, wenn man seine Kaubewegungen als Nicken ausdeuten durfte.

Pedro schwitzt beim Schlittern

Um fünf Uhr in der Frühe, bevor meine Arbeit begann, trat ich vor die Haustür. Ich hatte geträumt, der Frühling wäre gekommen. Vor der Haustür lag der Abtreter aus Fichtenzweigen. Die Zweige dufteten leise. Der Schnee war weich und wässerig. Der Himmel war ungesternt, die Welt grau-schummerig vom Widerschein des Schnees. Die Bäume am Bach schienen auf den Tag zu warten. Würde er ihnen Schnee, Neufrost oder Wind bringen? Aus dem Nachbardorf wehte ein Hahnenschrei herüber. Ein Hund war aus dem Stroh seiner Hütte gekrochen und bellte heiser. Ein Auto fuhr auf der Landstraße hinter dem Wald um eine Kurve und beleckte den Himmel mit Scheinwerferstrahlen. Der Morgenzug kam aus dem Städtchen hinter den Seen. Die Lokomotive stöhnte und prustete. Wieder krähte ein Hahn, die Lokomotive pfiff grell. Im Stall erhob sich Pedro und begrüßte den Morgen mit Geschmetter. Die Freude an der Frühe durchrieselte mich. Hatte mir die linde Luft meinen Frühlingstraum eingegeben? Lag der Lenz vielleicht schon hinter den Wäldern? Es arbeitete sich gut an diesem Vormittag. Ich schaute kaum auf.

Gegen Mittag schlug das Wetter um. Die Luft wurde warm und ein Rieselregen fiel. Der Schnee bekam eine harte, glatte Kruste. Glatteis. Von der Bahnstation wurde Bescheid gegeben: „Ein Ziegenbock eingetroffen."
Am Nachmittag fuhr ich zur Station. Pedro wollte dahinstürmen und ver-
5 suchte den kleinen Berg vor unserer Haustür hinunterzupreschen. „Glatteis!"
Da rutschte er schon. Die Stränge klirrten. Das Lederzeug knarrte. Pedro lag lang. Er sah sich verwundert um. Die Welt war schwer zu verstehn. Er sprang hoch und probierte aufs Neue. „Nicht so hastig!" Ich hielt die Zügel
10 straff. Der Hengst konnte sich mit dem Maul auf die straffen Zügel stützen. Ich gab ihm ein fünftes Bein. Noch einmal versuchte es Pedro auf wild, kam wieder ins Rutschen und begriff endlich. Nun ging er langsam und fast so vorsichtig wie die junge Nachbarin, die in den Dorfkonsum rutschelte, um Brot zu holen.
15 Im Güterschuppen der Bahnstation stand ein kleiner Kasten. In diesem Kasten hockte der neue Hofgenosse, ein afrikanischer Zwergziegenbock. Sein Reisegelass war so niedrig, dass er die Fahrzeit von zwei Tagen hatte kniend verbringen müssen. Durch die Holzgitterstäbe lugte ein kluges Bocksgesicht. Bock und Hengst beschnupperten sich. Der Bock zeigte dem
20 Hengst seine kurzen Gamshörner.
„Vertragt euch, ihr werdet in einem Stall wohnen!"
Wir rutschelten heimzu. Beim Abschirren gewahrte ich, dass Pedro so nass war, als wäre er durch Wasser gegangen. Es hatte nicht geregnet, es hatte nicht geschneit; wovon war Pedro so nass? Die Angst vor dem Hinrut-
25 schen hatte ihm den Schweiß aus der Haut getrieben. Nicht nur der Mensch schwitzt angesichts der Gefahr.

Der Teufel auf Nachbars Hof

Februar. Der Frühling kündigte sich mit zwei milden Tagen an. Der Star kam ein paar Stunden auf Vorfrühlingsbesuch. Auf dem Sitzholz seines Kastens am Pferdestallgiebel schwatzte er von der schönen Frühlingszeit. Pedro
30 hörte ihm zu. Das Frühlingsgeschwätz des Stars stieg dem Hengst ins Blut.
Christa hatte die Stalltür nicht richtig geschlossen. Der Hengst entdeckte es. Er rannte ein paar Freiheitsrunden im Hof, sah das offene Hoftor und trabte davon.

Einer unserer Nachbarn hat eine große Stute. Sie frisst fünfzehn Pfund Hafer am Tag. Wenn sie den gepflasterten Berg vor unserer Kate herauf- oder herunterstampft, wackeln die Wände. Aus meiner Mandola zittern leise Töne.

5 „Der Riese Timpetu[1] geht vorüber", sagen wir.

Pedro, der Pferdefloh, erhält im Winter zwei Pfund Hafer. Im Sommer-Halbjahr ernährt er sich von blankem Gras. Zwei unterschiedliche Pferde, jawohl, und doch war Pedro in das Riesenstutenfräulein aus der Nachbarschaft verliebt. Wenn die dicke Stutendame vorübertrampte, spielte
10 er ein Liebeslied auf seiner Hengsttrompete. Pedro galoppierte also an jenem Tage zum Hof des Nachbarn. Auf dem Hofe saß die Großmutter. Sie rupfte eine Gans. Da polterte der Teufel durch die Pforte. „Herrjes, Gott steh mir bei!" Die Großmutter spuckte dreimal aus. Pedro stellte sich vor den verschlossenen Stutenstall und trompetete. Er krauste die Nase, schnüffelte die
15 Luft ab und machte ein paar wilde Bocksprünge. Die Großmutter humpelte in den Holzstall und holte eine Harke.

„He, he, der Deibel[2] ist los!", rief sie zum Haus hin.

Pedro schnüffelte am Misthaufen und wälzte sich. Die junge Bäuerin rannte mit dem Stubenbesen herzu. „Wo ist der Deibel?"

20 Vom Misthaufen kam Pedros wohliges Schnauben. Die Bäuerin sah nur vier zappelnde Pferdebeine.

Es fiel uns nicht schwer, den Hengst zu finden. Wir gingen dorthin, wo der Lärm herkam. Der Hengst schoss aus dem Tor des Nachbarhofes und schüttelte sich. Kuhmist flog uns entgegen. Am Hoftor stand die Großmut-
25 ter und fuchtelte mit der Harke. Die Bäuerin schwang den Stubenbesen, als ob sie Spinnweben vom Himmel fegen wollte. Schuld war der Star, der so viel vom Frühling schwatzte.

1 *Riese Timpetu*: Märchengestalt
2 *Deibel:* Teufel (niederdt. Dialekt)

Das Telefon der Pferdemänner

Um die Liebeszeit der Pferde trampte ein Bauer mit seiner Kleinpferdstute auf unseren Hof. Er hatte sich aufs Übernachten eingerichtet und brachte
Heu, Stroh und Decken mit. Sehr selbstverständlich spannte er aus und
brannte sich seine Pfeife an. Sein Gesicht glich dem Verschluss einer gefüll-
5 ten Spitztüte.
„Hier soll ein Kleinpferdhengst stehn", sagte er. Woher wusste er das? Er
kam aus einem Dorf von der entgegengesetzten Seite des Kreises. Pferdemänner haben eine besondere Telefonie. Stille Post – einer sagt's dem anderen im Vorbeigehen. Du darfst einem Pferdemann nur zuraunen: „Ein
10 Pferd zu verkaufen." In wenigen Tagen wissen es alle Pferdemänner bis nach
Berlin. Unser Dorf liegt achtundachtzig Kilometer von der Hauptstadt entfernt. Eines Tages sagte ich schwärmerisch zu einem Pferdemann: „Eine Stute müsste man haben!" Drei Tage später erhielt ich eine Postkarte vom Staatlichen Handelskontor für Großvieh aus Berlin. Ich sollte mir Stuten ansehen
15 kommen, die zum Verkauf stünden.
Seit Pedro bei uns ist, werde ich oft, ganz gleich, wo ich mich befinde, bei
der Arbeit, im Wald oder auf der Wiese, von den Pferdemännern der durch-
reisenden Zirkusse aufgestöbert.
„Hier steht ein Hengst, hörten wir."
20 „Das ist richtig."
„Was zu handeln? Was zu tauschen?"
„Nichts zu handeln. Nichts zu tauschen."
„Ansehn?"
„Bitte."
25 Die Zirkusleute schaun sich Pedro an. Sie schnalzen mit der Zunge und
versuchen doch zu handeln.
„Tauschen, Meister?"
„Nicht tauschen."
Nach längerer Zeit begreifen sie, dass ich mich weder „bekaufen" noch
30 „behandeln" lassen will. Sie nehmen aber die „Personalbeschreibung" von
Pedro mit und geben sie anderen Zirkusleuten und Pferdemännern weiter.
Kommt der nächste Zirkus in die Kreisstadt, sind die Pferdemänner da.
„Nichts zu handeln? Nichts zu tauschen?"
Der Bauer mit dem Spitztütengesicht wollte seine Stute mit unserem Ped-
35 ro verheiraten. Er lud sein Strohbund und lud sein Heubündel auf dem Hofe
ab.

„Aber der Hengst ist nicht gekört[1]", sagte ich.

„Er wird gekört werden. Er ist ein schönes Tier", sagte der Bauer unbeeindruckt.

„Du hast ihn nicht gesehen."

Der Bauer nestelte eine Zigarettenschachtel aus der Jackentasche. Seine Fingernägel schienen aus Blech gefertigt zu sein.

„Wer fragt schon, ob so eine Katze gekört ist?"

„Die Tierzuchtinspektion. Gesetz ist Gesetz!"

Wir standen uns wie Hähne gegenüber, die die erste Kampfrunde hinter sich haben: Wir beobachteten uns gegenseitig, schätzten einander ab. Dabei saugten wir an unseren Zigaretten und sahen dem blauen Rauch nach. Die Rauchwölkchen zerflatterten am Rand des Stalldaches. Da erscholl aus dem Stall das Geschmetter der Hengsttrompete. Es folgten drei Paukenschläge, hervorgebracht von einem Hengsthuf in der Holzkrippe. Pedro, der die Anwesenheit der Stute gerochen hatte, fiel mit ungestümer Liebeslust über meine festen Vorsätze her.

„Kannst du das mit anhören?", fragte das Spitztütengesicht listig. Ich antwortete nicht. Das besorgte Pedro. „Hier-hier-hier-hierher!", rief er der Stute zu.

„Du könntest deinen Hengst ein bisschen laufen lassen", sagte der Bauer.

„Und dann?"

„Wir gucken beide weg. Wer kann dafür, wenn zwei Pferde sich aus Versehen verheiraten?"

„Wir!", sagte ich fest und stieß eine besonders schöne Qualmwolke in die Hofluft.

Pedro bummerte jetzt gegen die Stalltür. Er hatte sich offenbar den Halfter über den Kopf gezogen. Ich kam in eine unangenehme Lage: Würde die Tür zerspellen, käme der Hengst herausgeschossen. Alle Debatten über Hochzeit oder Nichthochzeit wären zu Ende gewesen. Hätte ich aber die Tür geöffnet, um den Hengst wieder anzubinden, wäre er an mir vorbei auf den Hof gepoltert.

„Wen kann man verantwortlich machen, wenn er die Tür zertrümmert?", fragte die Spitztüte.

Wir sogen wieder an unseren Zigaretten. Die kleine hellbraune Stute knabberte Heu. Sie kümmerte sich nicht um uns, die Heiratsvermittler. Wir gingen in die dritte Runde:

---

1 *kören:* zur Zucht zulassen

„Man kann nicht jedes Gesetz einhalten, das sich ein Staat ausdenkt." Das Spitztütengesicht begann mich zu ärgern.

„Das Körgesetz haben Menschen gemacht. Auch ich will, dass wir in der Republik gute Pferde züchten."

5 „Die Hauptsache: Du hast ein gutes Pferd."

„Nein, du Spitztüte, gute Pferde für alle!"

„Dann bist du ein ganz Besonderer."

Ich warf meinen Zigarettenstummel ärgerlich in einen Stalleimer.

„Du bist am Ende gar ... so einer."

10 Die Spitztüte streckte den Arm aus und ballte die Hand zur Faust.

„So einer, jawohl! Und jetzt nimm deine Stute und zieh ab!"

Der Bauer spuckte verächtlich aus. Ich ging auf ihn zu. „Schlechter Tabak", sagte er und zog sich zurück. Er packte seine Stute beim Halfter und führte sie zum Wagen. Zuletzt kratzte er jeden Halm Heu auf dem Hofe zu-

15 sammen und fuhr ohne Gruß davon. Ich stand vor der Stalltür und beruhigte mich und den Hengst. „Der Versucher reitet zuweilen zu Pferde", sagte ich zu meiner Frau.

In der Falle

Pedros Liebe zur Stute des Nachbarn verflog trotz der drohenden Harke der Großmutter nicht. Einige Tage später fuhr ein junger Verwandter des

20 Nachbarn mit der „dicken Dame" Kompost in die Wiesen. Das Bauerngefährt rappelte an Pedros Gartenkoppel vorüber. Pedro sah seine Angebetete. Er ließ die Ohren spielen, blähte die Nüstern und blickte sehnsüchtig in die Weite. Er sah haargenau so aus wie die Reithengste, die bei alten Standbildern die Kurfürsten heldischer machen helfen.

25 „Hiiiaaachaaaach, hier steht ein Liebender!"

Der Stutendame war die Lauluft des Frühlings noch nicht durch den Pelz gekrochen. Sie stampfte vorüber, ohne sich um den verliebten Hengstjüngling zu kümmern. Pedro schien die Höhe des Gatters zu messen, trat zurück, ging wieder zum Koppelzaun und stieß noch einmal heftig in die Liebes-

30 trompete. Seine letzte Sprungleistung betrug einen Meter. Der Koppelzaun maß einen Meter und fünfzig. Pedro nahm Anlauf und sprang. Die obere Stange des Koppelzaunes zersplitterte. Was tat's? Pedro war drüben und jagte der kühlen Stutendame nach. Er überholte das Führwerk im eleganten Trab, drehte sich um, blieb stehn und versperrte den Weg. Der junge Kutscher

hielt an. Pedro brummelte herzu, beschnupperte die Stute und wieherte: „Du, du, siehst du mich nicht?"

Die Stute hatte nur Augen für die jungen Grasspitzen auf dem Wiesenweg. Sie zerrte an ihrem Aufsatzzügel. Da stellte sich Pedro auf und umarm-5 te sie. Beim Niedergehen fuhren seine flinken Vorderbeine bis zu den Fesseln in das breite Brustblatt des Stutengeschirrs. Der Hengst war gefangen, gefesselt. Der junge Kutscher erschrak und griff verwirrt zur Peitsche. Pedro versuchte sich zu befrein und schüttelte bei jedem Peitschenhieb den Kopf. „Ich kann nicht los, siehst du's denn nicht?"

10 Der alte Genosse Haumeister hackte seitab auf seinem Felde Quecken. Er hörte seinen Liebling Pedro wiehern. Er kennt die Pferdesprache und gewahrte, wie die Angst des Hengstes durch das Wiehern zitterte. Er hastete, so schnell es sein lahmes Bein erlaubte, vom Feld. „Schlag nicht, peitsche den Pedro nicht!"

15 Der junge Kutscher ließ die Peitsche sinken. Der Genosse Haumeister und sein Sohn hoben den stöhnenden Pedro aus seiner „Falle". Der Hengst, schüttelte sich. Er beklagte sich brummelnd bei seinem Freund. Liegt die Peitsche so nah bei der Liebe?

Pedro wird ein Pferdebräutigam

Eines Tages schrieb mir ein Mann, er habe durchs Pferdemänner-Telefon 20 erfahren, bei mir stehe ein prächtiger, kleiner Hengst. Er besäße eine entsprechende Stute, von der er gern ein Fohlen ziehen würde. „Darf ich meine Stute für ein paar Hochzeitstage zu Ihrem Hengst schicken?"

Wieder ein Versucher. Das hielt ich nicht länger aus. Ich schrieb an die Tierzuchtinspektion und bat den Zuchtleiter, Pedro zu kören; das heißt, un-25 ser Hengst sollte zu einem Zucht- und Vatertier „erkoren" werden. Ich zweifelte nicht daran, dass Pedro zuchttauglich wäre.

An einem Nachmittag, als sich die Gänse auf dem Hügel vorm Haus für den Abend satt weideten und die Schatten schon länger wurden, fuhr die Körkommission im Auto vor. Es stiegen zwei Männer aus. Der eine von ih-30 nen stützte sich auf einen Metallstab. Es handelte sich um das Stockmaß. Man ermisst damit die genaue Höhe von Zuchtvieh.

Zunächst trank ich mit den beiden freundlichen Herren ein Schnäpschen. Wir erzählten uns Pferdegeschichten. Ich erfuhr manches über die Tiere anderer Kleinpferdezüchter unseres Bezirks.

Um diese Tageszeit tobte sich Pedro sonst in der Gartenkoppel aus. Nun stand er fein herausgeputzt im Stall und wartete darauf, herausgelassen zu werden. Wir hatten seine Mähne und seinen Schwanz besonders schön gebürstet und gekämmt. Das Halfterzeug war mit Schuhkreme blank geputzt worden.

Nach einem zweiten Schnäpschen sagte der Zuchtleiter: „Nun müssen wir wohl, ehe es dunkelt!"

Der Hengst hatte sich aus Langeweile in der Stallstreu gewälzt. Als dann noch niemand gekommen war, um ihn herauszuholen, hatte er die Streu mit den Hufen aufgekratzt und sein heißes Blut im feuchten Stalluntergrund gekühlt. Nun putz du nassen Dreck aus einem Pferdefell! Draußen warteten die Männer von der Körkommission.

Ich musste hinaus. Statt eines Paradepferdes führte ich ihnen ein Paradeschwein vor.

Die Herren rümpften die Nasen. Sie hatten jetzt ihre Dienstaugen aufgesetzt. Der Gesichtswinkel von Dienstaugen ist spitz. Pedros Höhe, wurde gemessen: ein Meter und fünfundzwanzig Zentimeter. Dann maß man den Brustumfang und die Röhrbeinstärke des Hengstes.

Ich wurde dabei wieder zum Pferdejungen von einst, der auf den Pferdemärkten die Pferde zur Musterung vorführte. Pedro im Schritt, Pedro im Trab! An einer bestimmten Stelle, die mir die Männer bezeichneten, musste ich kehren. Alles wurde so gehandhabt wie bei den großen öffentlichen Hengstkörungen. Jedes Mal, wenn ich an den Männern vorbeikam, vernahm ich, wie sie einander Zahlen und Qualitätsbezeichnungen zuraunten.

„Für Pflege und Putz werden wir eine schlechte Note erhalten", sagte ich zu Pedro beim Traben. „Schuld hast du!" Meine Vorwürfe berührten den Hengst nicht. Er hatte wahrscheinlich nur eines im Sinn: Wann bringst du mich endlich zur Koppel?

Die Männer rollten ihr Bandmaß ein, klappten das Stockmaß zusammen und schrieben Zahlen in ihre Notizbücher. Die Körung war beendet.

„Also was?"

„Körnote: III b."

Das war sehr mittelmäßig: Etwa Drei minus im Schulaufsatz. Die Männer schraubten ihre Dienstaugen aus und fuhren freundlich winkend davon. Pedro war gekört.

Als das Auto der Körkommission in das Wiesental einbog, zog mich meine Frau am Ärmel. „Mach dir nichts aus der schlechten Körnote. Was verstehn die schon von Pferden."

Ich wusste es besser: Die Männer von der Körkommission hatten das gesehn, was auch ich wahrgenommen hatte, als ich Pedro zum ersten Male anschaute: Hinten ein wenig zu eng gestellt; im Rücken etwas zu weich. Das war, bevor ich mich in Pedro verliebte. Die Liebe lässt den Menschen über Mängel hinwegsehn. Also ist sie einmal eine gute, ein andermal eine bedenkliche Kraft.

Ein Zentaur[1] geht durch den Wald

Ein warmer Frühlingswind ging. Über mir in den Kiefern rauschte das große Mahlwerk des Waldes. Die Drosseln sangen. Der Pirol ließ sich ohne Scheu auf einem Astknorren nieder und sang mir sein Lied ins Gesicht. Wildenten schwammen weitab vom schützenden Schilfrand im See. Der
5 Fuchs patschte im Ufersumpf umher. Er jagte junges Wassergeflügel. Weshalb waren die Tiere im Wald und am See so voll Zutraun? Ich ging auf vier Tierbeinen über die schmalen Wege zwischen Wald, Sumpf und See. Meine eigenen Beine baumelten ungenutzt herab. Ich ritt auf Pedro. Ich lenkte ihn. Er trug mich, wohin ich wollte. Wir waren zu einem Wesen verschmolzen.
10 Ich lieh diesem Doppelwesen meinen Kopf, Pedro lieh ihm seine vier behuften Beine. Zusammen waren wir ein Zentaur, eines jener Fabelwesen, von denen alte Sagen berichten.

Seit ich auf Pedros Rücken durch die Wälder wandere, reite ich ursprünglich wie in der Kinderzeit. Damals fragten wir nicht nach der Reitkunst. Wir
15 hatten zwei schwarze Barfußbeine, die wir vor den harten Stoppeln der abgeernteten Getreidefelder schützen wollten. Also hinauf! Die kleinen Hände in die Mähne verkrallt, die Barfüße gegen die groben Beinknochen der Ackerpferde gestemmt – so listeten wir uns auf den Pferderücken. Ab ging's im jachen Stoppelwind. Was tat's, wenn wir purzelten? Die Ackererde war
20 weich, das Raingras dämpfte die Stürze. Wir lernten in die Bewegungen der Pferde eingehen, lernten uns festklammern und an den Tierrücken saugen, wenn's im Sprung über Gräben und Grenzfurchen ging. Wir lernten das Reiten wie Urmenschen.

Später brachte mein Tierpflegerberuf es mit sich, dass ich reiten lernen
25 musste. Reiten lernen? Konnte ich es denn nicht? Ich jagte zwar auf ungesattelten Pferden wie ein Feuerreiter dahin, doch für den Reitlehrer war ich erst ein Reiter, als ich nach seinen Anweisungen, preußisch-steif wie ein Standbild im Sattel saß. Das Pferd wurde zu einem Turngerät, an dem Übungen vorschriftsmäßig ausgeführt werden mussten. Du lieber Himmel, wer keine
30 Beziehung zum Pferd hatte, wer die Lehren des verknöcherten Reitlehrers nicht insgeheim durchbrach, lernte das Reiten nie.

Hat man je etwas von einem Radfahrlehrer gehört? Ilja, mein fünfjähriger Sohn, beschäftigte sich mit dem Fahrrad der Mutter. Er wollte Radfahren

---

1 *Zentaur:* (Kentauros, griechisch) Fabelwesen aus Mensch und Pferd

lernen. Wäre ich ein Radfahrlehrer nach der Art der Reitlehrer gewesen, hätte ich mich einmischen müssen:

„Sitz gerade auf dem Fahrrad, Ilja! Führe den Lenker nach links, wenn du nach rechts zu kippen drohst! Nein, nein, nur mit den Zehenspitzen sollst du auf die Pedale treten! Und wieder hast du den Daumen nicht in der Nähe der Signalglocke!"

Hätte Ilja da das Radfahren erlernt? Wohl kaum. Manche Menschen aber sind der Meinung, dass man auf diese Weise das Reiten erlernt: „Sitzen Sie gerade! So sitzt kein Reiter! Und die Füße? Wie halten Sie die Füße schon wieder? Waagerecht – habe ich gesagt. Die Innenseite der Fäuste mehr nach außen kehren. Näher an den Mähnenansatz heran!"

Der Drill in der Reitlehre hat sich bis auf den heutigen Tag erhalten. Eines unserer neuen Reitlehrbücher hat fünf Verfasser, doch ganze Partien dieses Buches wurden aus alten preußischen Reitvorschriften abgeschrieben. Die Starrheit beginnt schon bei der Beschreibung der Reitkleidung. Allein diese Bekleidungsvorschrift nimmt dem Anfänger das Selbstvertrauen. Wie kann er reiten ohne die rechten Reithosen zu besitzen? Der Kastengeist der preußischen Reiter triumphiert.

In einer kleinen sowjetischen Reiterfibel für Jugendliche geht's lockerer her: Da wird vorausgesetzt, dass der künftige Reiter vor allem ein Pferdefreund und Pferdekenner ist. Ist er's nicht, muss er sich mühn es zu werden. Da ist keine Rede von besonderer Reitkleidung und anderen abschreckenden Reiter-Fetischen[1]. Reite, wie du gehst und stehst – es wird sich zeigen, was für ein Reiter du wirst!

Ilja erlernte das Radfahren ohne Anweisungen eines „Radfahrlehrers". Er probierte, fiel um, probierte wieder, drehte den Lenker instinktiv nach rechts, wenn das Fahrrad nach links kippte, und war in kurzer Zeit ein perfekter Radfahrer. Niemand lehrte ihn schmale Waldwege zu befahren, doch er befährt sie. Niemand lehrte ihn das schleudernde Fahrrad durch Sandstellen zu steuern, doch er steuert es hindurch. Niemand lehrte ihn mit einer Hand zu fahren, doch er brachte einen reparierten Fensterflügel über holperige Waldwege heil vom Glaser nach Hause.

So lernt Ilja jetzt das Reiten. Ich setzte ihn auf das Pony. Das Pony ging im Schritt. Ilja hielt sich tapfer auf dem Ponyrücken. Unterwegs sprang das Pony. Ilja fiel herunter. Er kämpfte mit Tränen. Schmerztränen oder Tränen über die eigene Unfähigkeit? Es war nicht zu ergründen.

---

1 *Fetisch:* magischer Gegenstand

„Ein Reiter weint nicht, Ilja."

„Ein Reiter weint nicht, Vater."

Ich setzte Ilja wieder aufs Pony. Nach zwei Tagen fiel er auch beim Trab nicht herunter. Er hatte sich dem Pferdegang angepasst. Kein übermütiger

5 Sprung des Pferdchens vermochte ihn mehr aus dem Sitz zu werfen.

Nicht lange, und ich werde Ilja zehn rohe Eier in einen Rucksack stecken. „Bring sie der Großmutter in die Stadt und kaufe mir dort zehn Zigarren!" Bringt er die Eier unversehrt zur Großmutter und mir die Zigarren unentblättert aus der Stadt, so werde ich sagen. „Jetzt bist du ein Reiter." Reiten

10 heißt nicht, stocksteif zu Pferde sitzen, sondern auf vier Pferdebeinen nützliche Dinge tun.

Mit diesem Grundsatz reite auch ich zuweilen auf Pedro durch Sümpfe und Wälder. Ich steuere ihn durch Dickichte, über Schneisen und auf schmalen Waldwegen meinen Zielen zu. Die herabhängenden Zweige des

Dickichts würden mir das Gesicht zerkratzen, wenn ich wie auf der Reitbahn zu Pferde säße. Ich würde im Sumpf stecken bleiben, wollte ich im eleganten Hürdensprung nach der Reitvorschrift über einen Graben mit weichen Rändern setzen. Bisweilen überlasse ich Pedro sogar die Zügel. Meine
5 Fäuste befinden sich nicht nach der Vorschrift, die Innenseite halb nach oben gekehrt, am Mähnenansatz des Hengstes. Sie sind beschäftigt. Sie schneiden Zweige und Äste aus dem Dickicht und bauen beim Reiten eine Brücke für Pedros Beine. Auf diese Weise pirsche ich mich an die Wildschwein-Bache[1] mit ihren Ferkeln heran. Nie zuvor hatte ich die lustig-gescheckten Ferkel-
10 dinger so nah und frei gesehen. Ein andermal schlich ich mich, auf dem grasenden Pedro sitzend, ganz nah an einen äsenden[2] Rehbock. Der Bock mag uns für eine grasende Hirschkuh gehalten haben. Mit Pedros Hilfe halten mich die Tiere des Waldes eine Weile für ihresgleichen. Ich komme ihnen näher. Mit neuen Erfahrungen und Freuden kehre ich heim.

1 *Bache:* weibliches Wildschwein
2 *äsen:* fressen

Das verzogene Stutenfräulein

Das Starenweibchen tat geheimnisvoll und fürsorglich. Es hatte sein erstes
Ei gelegt. Bevor es auf Würmersuche in die Wiesen flog, äugte es noch einmal in den Starkasten zurück. Ist das Ei noch da?

In den Sauerkirschbaum hatten wir ein Meisenkästchen gehängt. Auch
5 darin lagen erbsenkleine Eier. Der Frühling war groß. Ein einsames Herz
wurde nicht mit ihm fertig. Alles wollte sich vermählen und vermehren.

Pedro ging vor Frühlingslust nunmehr auf zwei Beinen. Es war, als
wünschte er sich Flügel. Er wollte sich wohl in die Lüfte erheben wie das
Dichterpferd Pegasus[1].

10 Auf meinem Schreibtisch lag der Brief, in dem jener Pferdemann die end-
gültige Ankunft seiner Stute ankündigte: „Ein feingliedriges, ein hehres Tier.
Eine grazile Stute, ein weichgefesseltes Wesen, eine schwebende Jungfrau."
Der Brief enthielt einen Nachsatz: „Die Stute ist ein bisschen verzogen.
Hören Sie: Sie ist wie das Kind im Hause."

15 Der Nachsatz gefiel mir nicht. Verzogen? Was verbarg sich dahinter?
Eine Woche später hielt ein großes Lastauto vor unserer Tür. Im Autokasten
stand das Stutenfräulein bis zum Bauch im Stroh und spielte mit den Ohren.
Von weitem sah das Fräulein aus, als wäre es schwarz behärt. Sah man ge-
nauer hin, so gewahrte man im Fell am Kopf, auf dem Rücken und an den
20 Flanken weiße Stichelhaare. Die Stute würde in einigen Jahren ein Schimmel
sein. Vielleicht muss ich erklären: Es wird selten ein Schimmel geboren. Die
meisten Schimmelpferde kommen farbig zur Welt. Allmählich „verschim-
meln" sie, werden Dunkel-Schimmel, Grau-Schimmel, Blau-Schimmel. Viele sind erst im Alter von zehn Jahren ganz weiß.

25 Wir steuerten das Lastauto rückwärts an ein Hügelchen. Die Kastenklap-
pe des Autos wurde heruntergelassen. Das verwöhnte Stutenfräulein hätte
bequem aussteigen und vom Hügel her sein Hochzeitsland betrachten können.

Ich kletterte aufs Auto, um die künftige Pedro-Braut loszubinden. „Herz-
30 lich willkommen im Wonnegefild, edle Jungfrau!" Die Stute legte die Ohren
an. „Lass das! Hier steht ein ausgewachsener Pferdemann." Da drehte sich
die Stute rasch um und feuerte aus. Eine Mandel[2] Hinterhufschläge flitzte an
meiner Nase vorüber. Schöne Begrüßung!

---

1 *Pegasus:* geflügeltes Pferd in der griechischen Sage
2 *Mandel:* altes Zählmaß

Ich stieg von vorn auf das Auto, packte das Stutenfräulein beim Halfter und band es los. Dabei versuchte es, mich in die Hand zu beißen. Ein schönes „bisschen verzogen".

Der Marsch vom Hügel in den Stall wurde fast ein Kampf. Auf halbem
5 Wege jedoch kam uns Pedro mit einem Liebeslied zu Hilfe. Das Fräulein spitzte die Ohren. Seine Laune wurde besser. Es lauschte und richtete sich zurecht wie eine junge Dame vor dem Spiegel. Diesen Augenblick Mädcheneitelkeit benutzte ich, um die Stuten-Jungfer in den ihr zugedachten Stall zu führen. Dort trennte sie nur eine Lehmwand vom künftigen Bräutigam.

10 Am Abend begann der zweite Akt des Hochzeitsdramas. Beim Füttern verhielt sich das Fräulein einigermaßen manierlich. Dann brachte ich ihm die Tränke. Die Jungfrau soff und gurgelte – gar nicht allzu vornehm – einen halben Eimer Wasser hinunter. Beim Verlassen der Box strich ich mit der rechten Hand über Rücken und Kruppe der Schönen. Da schlug mir die
15 Pferdebraut den Wassereimer aus der Hand. Der Schlag war mir zugedacht gewesen. Hätte ich ihn erhalten, so wäre es nie zu einer Pferdehochzeit bei uns gekommen.

Ich blieb eine Viertelstunde im Verschlag und redete beruhigend auf die Stute ein. „Wer tut dir was?"

20 Das Fräulein hob das rechte Hinterbein nur an, als ich den Stand verließ. Der dritte Akt des Hochzeitsdramas begann am nächsten Morgen bei der Toilette. Das Fräulein wollte sich weder striegeln noch bürsten lassen. „Sie haben lebensgefährliche Launen, Jungfer."

Wir hängten einen Schlagbaum in den Stand. Er sollte die flinken Hufhie-
25 be der verzogenen Dame abfangen. Das tat er auch, doch das „Goldtöchterchen" schlug so herb zu, dass wir um seine Hufe und Fesseln besorgt sein mussten.

Nun gibt es Pferdemänner, die sagen, bei solch einem Grad von Verzogenheit hilft nur noch ein Mittel. Und das Mittel? Durchprügeln! Zeigen,
30 wer der Herr im Stall ist. Das Pferd muss zittern, wenn du seinen Stand betrittst!

Ich halte von dieser rohen Methode nichts. Knüppelpferde werden ohne ihre Schuld zu widerlichen Wesen. Wenn der Mensch ein Tier durch Willensschwäche verzogen hat, muss er es durch Beharrlichkeit und Willens-
35 stärke erziehen können. Schlagen ist Geistesträgheit. Der Mensch, der Maschinen ersinnt und ganze Arbeitsvorgänge automatisiert, sollte einem verzogenen Tier nicht beikommen?

Ich sägte zwei faustdicke Holzklötze von einem Stamm. Die Klötze befestigte ich an Riemen. Dann kam das Schwerste: Ich musste die Riemen mit den beiden baumelnden Holzklötzen über den Sprunggelenken der Stute befestigen. Dazu stellte ich die Stute gegen eine frei stehende, kurze Bretterwand.

5 Auf der einen Seite der Bretterwand stand ich, auf der anderen Seite die Stute. Ihre Hinterbeine ragten über die Wand hinaus. Die Wand als Schild und Deckung nutzend redete ich wohl eine halbe Stunde auf die Patientin ein. Dann beugte ich mich über die Bretterwand und legte meine Hand auf den Stutenrücken. Nach einer Weile ließ sich die Pferdedame das gefallen. Da

10 fuhr ich langsam mit der Hand an den Hinterbeinen der Stute herunter, bis ich nach Minuten die Sprunggelenke erreichte. In diesem „Behandlungsabschnitt" donnerten natürlich viele Hufschläge, die sich auf mich bezogen, gegen die Bretterwand. Ich schwitzte wie beim Tragen von Zweizentnersäcken. Schließlich aber konnte ich die Riemen oberhalb der Sprunggelenke befesti-

15 gen. Nun baumelten die Holzklötze an den Pferdebeinen herab. Sie schlugen zurück, sobald die Stute zum Schlage ausholte.

Sehr bald hatte unsere Hochzeitsjungfrau heraus, dass sie sich selber bestrafte, wenn sie fürderhin ein Bein zum Schlag erhob. Nach zwei Tagen stand sie still und zahm, wenn ich ihren Stand betrat. Ich durfte ihr meine

20 Hand auf den Rücken legen, durfte sie striegeln und bürsten.

Nun blieb nur noch das unberechenbare Beißen. Das gewöhnte ich der Dame mit einem ausgestopften Handschuh ab. Den Handschuh hielt ich ihr statt meiner Hand hin. Er war mit Petroleum getränkt.

Zwei Wochen waren vergangen, da hatten wir eine fromme, umerzogene

25 Jungfrau in der Box. Sanfte Worte vermögen mehr als die schärfste Peitsche. Das hatten wir dabei gelernt. Wir gingen klüger in den Frühling. Die Luft war voll Vogeljubel. Die Blumen lächelten uns an, als freuten sie sich mit uns über die neue Erfahrung.

Der Teufel dringt durch die Wand

Die Aprikosen blühten schon rosa, so rosa. Um die Kirschbäume lag ein grün-weißer Schimmer. Eine Nacht, ein warmer Regen, und alles würde in Blüte stehn. Wer da nicht lacht und sein schönstes Gesicht trägt, dem wird auch der Sommer kein Lachen entlocken.

5 Ich lachte über den afrikanischen Zwergziegenbock Muck. Seit jenem Wintertag, da wir ihn mit Pedro von der Bahnstation holten, hatte er sich zu einem Hauskobold entwickelt. Er ist nur so groß wie ein Foxterrier. Ist er zufrieden und satt, so meckert er wohlig. Dieses Gemecker ist angenehm und zart. Es rührt dich an wie der Ton von einer Silbersaite. Weh aber, wenn
10 Muck unzufrieden ist! Da wird aus dem Silbersaitengetön ein Gekreisch. Das Gekreisch ist noch schauriger als die Lieder der Katzen in der Liebeszeit.

In Mucks Schüssel befand sich das gleiche Futter wie in Pedros Krippe. Trotzdem naschte Muck bei Pedro. Es beeindruckte ihn nicht, wenn Pedro
15 nach ihm schnappte. Er wich flink aus. Pedro gab die Verteidigung seines Futters auf. Das reizte Muck zu neuen Frechheiten: Er sprang in Pedros Krippe, stellte sich dort quer, suchte sich die Haferkörner aus dem Futter und fraß sich rund. Pedro schaute mit angelegten Ohren zu. Dauerte ihm der Raubzug des Ziegenbocks zu lange, schnappte er zu, doch der Bock parierte
20 sofort mit den kurzen Hörnern. Pedro stieß sich das weiche Maul am harten Horn.

War Muck satt, so ließ er in Pedros Futter „zum Dank" ein paar Ziegenbohnen zurück. Das Futter war verdorben. Hätten wir nicht regulierend eingegriffen, wäre Pedro Hungers gestorben.
25 Wie viele zwergige Wesen entwickelte auch der großmäulige Muck in seinem kleinen Kopfe die List. Wollte man ihn fangen und anbinden, so flüchtete er unter Pedros Bauch. Das war seine Festung. „Komm doch heran! Mein großer Bruder wird's dir geben!"

Pedro und seine künftige Braut, die Stute Stella, standen Wand an Wand.
30 Sie sahen sich nicht, doch sie wussten voneinander. Pferde sehen mit den Nasen durch Wände. Natürlich hätten sie sich gern begrüßt und einander die Nasen gerieben, aber da war die Lehmwand. Bald schlug Pedro voll Übermut gegen diese trennende Wand, bald kratzte Stella mit den Vorderhufen am Lehm. Eines Tages entstand in der Wand ein kleines Loch. Es reichte je-
35 doch nicht zum Nasengruß. Stand ich bei Stella im Stall, um sie für die

Hochzeit zu zähmen, so wurde ich manchmal durch ein Schnauben verschreckt. Aus dem Loch in der Lehmwand quoll Pedros heißer Dampfatem. So kam jener Maimorgen, an dem es mir für ein Weilchen schwer fiel, nicht an Geister zu glauben. Ich stand neben Stella und gewöhnte ihr gerade mit
5 dem petroleumgetränkten Handschuh das Beißen ab, da kollerte mir ein Feldstein vor die Füße. Aus dem Loch in der Lehmwand starrte mich der Teufel an. Ein lehmverdreckter Kopf mit Bart und Hörnern. Dann aber erklang jener Silbersaitenton – das Gemecker der Zufriedenheit. Der Teufel war der Zwergziegenbock Muck. Der Bockskopf verschwand. Dafür er-
10 schien Pedros weiches Maul und die Nase mit geblähten Flügeln im Wandloch. Die Stute wieherte freudig auf. Sie beugte sich und tauschte mit Pedro den Nasengruß.

Es war Mai, darum verzeiht mir, wenn ich ein Weilchen an Dankbarkeit bei Tieren glaubte. Der Zwergziegenbock hatte dem Liebespaar zum Dank
15 für den gestohlenen Pedro-Hafer zu einem Grußloch verholfen.

Mein Maitraum endete am nächsten Tag. Das Grußloch der Pferde war inzwischen größer geworden. Der Foxterrier-Ziegenbock war kniend hindurchgeschlüpft. Der Stutenstall enthält den Futterverschlag. Dort stand Muck auf dem Hafersack. Sein Leib glich einem Tönnchen. Ein bäuchiger
20 Liebesbote, ein Amor mit Hörnern! Seine flinke Schnauze flog. Noch immer mümmelte er goldgelbe Haferkörner in sich hinein.

„Du wärst mir ein Liebesbote!"

Der gehörnte Amor schlug seine Silbersaite an. Der Silbersaitenton rührte mich nicht. Ich mauerte das Loch mit Zement zu und mauerte meinen
25 Maitraum von der großen Freundschaft der Tiere mit hinein.

Noch kleinere Pferde

Die Schwalben waren da, auch der Pirol[1] war angekommen. Sie verlassen die warmen Länder erst dann, wenn der Frühling bei uns schon Hochzeit hat. Der scheue Pirol versteckt sich im jungen Laub. Gelb und orangen ist sein Gefieder. Eine Südfrucht auf Kiefernbäumen! Wer den schönen Pirol
30 sieht, möchte ihn fangen. Deshalb wohl hält er sich so versteckt. Lausche seinem Gesang und lass dir's genügen!

---

1 *Pirol:* Singvogel

Es wird Zeit, dass ich ein kleines Geheimnis lüfte: Im Gange des Jahres sind drei Shetlandpferdchen bei uns eingezogen. Shetlandponys gehören zu den kleinsten Pferden der Welt. Bei uns sieht man sie meist im Zoo oder als Zirkuspferde. In andern Ländern weiß man, welche ausdauernden Arbeiter
5 die Sheties sind. Sie sind genügsamer als alle andern Pferde. Sie fressen Moos und Schilf, das armseligste Grasgestrüpp ist ihnen nicht zu schlecht. Die Shetlandponys verhalten sich zu unserm Pedro wie Pedro zu der dicken Stute unsres Nachbarn. Wie? Jawohl, mit dem Shetlandhengst Axel und seinen Stuten Silva und Mary marschiere ich gegen die dicken Bauernpferde vor.
10 „Sollst du nicht schreiben?"

„Das soll ich; aber ich muss mich auch tummeln und umtun, sonst wird, was ich aufschreibe, fad wie künstliche Limonade."

Über die Äcker knattern die Traktoren. Sie pflügen tief und gut, doch mit all ihrer Kraft zerfransen sie die Feldränder. Soll man die Ränder mit dem
15 Spaten in Ordnung bringen und gute Zeit dabei verschwenden? Man pflügt und säubert sie mit Pferden. Aber die großen Bauernpferde fressen den Hafer jahrsüber zentnerweise in sich hinein. Was soll man machen? Man soll kleine Pferde anschaffen, die schnell sind und sich billig nähren.

„Es geht nicht an, dass wir Katzen vor Bauernwagen spannen", sagten die
20 Bauern.

„Es geht nicht an, dass in den Stadtläden die Haferflocken knapp sind", sagte ich.

„Wer kann dafür?"

„Eure dicken Haferpferde."
25 Der Genossenschaftsvorsitzende saß in meiner Stube auf der Ofenbank. Er ist einer der fortschrittlichsten Bauern im Dorf.

„Sieh das ein!", sagte ich.

Sein Denken ist nicht vom Bauerndummstolz verdickt. Er neigte den Kopf und pfiff leise: „Im Frühling muss man früh aufstehn ..."
30 Ich wusste: Er überlegt. Nach einer Weile sagte er: „Wenn deine Zwerge auch die Wiesen mähen könnten!" Die landwirtschaftliche Produktionsgenossenschaft hat, wie viele Bauern ringsum, sumpfige Wiesen. Diese Wiesen muss man mit der Sense mähen, wie zu Adams Zeiten. Die Traktoren versacken im Torf und die großen Pferde sinken bis zu den Knien in den Sumpf.

„Mit einer entsprechenden Maschine werden uns die Zwergpferde die Wiesen mähn!"

Der Vorsitzende dachte an die sechs großen Pferde im Genossenschaftsstall. Jedes frisst, schlecht gerechnet, jahrsüber sechsunddreißig Zentner Ha-

fer. Das macht mal sechs über zweihundert Zentner aufs Jahr. Sechs Ponys
würden mit zwanzig Zentnern Hafer auskommen. Spare, wo du kannst!
„... und muss die rote Sonne sehn ...", pfiff der Vorsitzende weiter.
Schließlich sagte er: „Man müsste es versuchen!"
5 „Gut, ich vermach der Genossenschaft im Frühjahr zwei Ponys!"
„Noch besser." Der Vorsitzende pfiff das Frühlingslied zu Ende. „Die
kleinen Dinger sind vielleicht gar nicht so übel", sagte er.
So nahmen wir den Kampf um das Einsparen von Futterhafer auf. Jetzt
werde ich beweisen müssen, dass ich mit den Shetlandponys nicht geprahlt
10 habe. Wieder zieht mich das Leben in sein gesundes Getümmel.

Was ich bei einem Hengstkampf lernte

Auf unserem Kiesberg, wo die Hungerblumen[1] mit gelben Augen in den
blauen Himmel schaun und der silbergraue Schafschwingel still vor sich hin
wächst, ist Axels Reich. Bei ihm sind Mary und Silva. Der Kiesberg ist mit
zwei Drähten eingekoppelt. Die Drähte werden aus einem Akkumulator mit
15 schwachem Strom gespeist. Berührt eines der Pferde den Draht, weil es aus-
brechen und auf der grünen Roggensaat weiden möchte, so erhält es einen
elektrischen Schlag. Der Schlag ist nicht stärker als ein sanfter Peitschenhieb.
Haben die Pferdchen diesen kribbelnd elektrischen Schlag ein paar Mal erhalten, so meiden sie den Zaun. Der listige Mensch macht die Elektrizität
20 zum Viehhirten. Was wird er noch alles zuwege bringen!
Eines Tages brachte ich Pedro aus seiner Gartenkoppel zu einem frischen
Weideplatz in den Wald. Unser Weg führte an Axels Reich vorüber. Hengste
verhalten sich zueinander wie Schuljungen aus verschiedenen Dörfern: Sie
messen sofort ab, wer von ihnen wohl der Stärkere sei. Natürlich hält sich je-
25 der für den Stärkeren. Pedro schmetterte ein Kampfsignal aus seiner Hengsttrompete. Wäre er ein Mensch, so müsste man sagen: Er spielte sich auf; denn
er trampelte auf der Stelle, ließ seine Muskeln spielen wie ein Rummelboxer,
schnaubte wie ein Märchendrache, stieg und gab sich in jeder Beziehung ein
gefährliches Aussehen.
30 Axel, der Pferdezwerg, stand still und kampfbereit. Er hielt sich einen halben Meter vom Elektrodraht entfernt und brummelte seinen Stuten zu:
„Fürchtet euch nicht, hier steht euer Mann!"

1 *Hungerblume:* weiß blühender Kreuzblütler

Die Stuten standen dicht beieinander und schienen zu warten, was geschehen würde.

Was sollte geschehen? Ich hatte Pedro an der langen Leine und Axel stand hinterm „Peitschendraht".

„Sei still. Lass dein aufreizendes Gewieher", sagte ich.

Nein, Pedro musste sich aufspielen, musste krakeelen und sein Schmähgewieher noch steigern. Auf einmal riss er mich sogar herum und steuerte auf den Shetlandhengst zu. Das war dem Zwerg Axel zu viel. „He, du, ich bin auch wer!" Er kümmerte sich nicht mehr um die Elektrodrähte. Er sprang an wie ein Boxerhund, zerriss die Drähte und stürzte sich auf Pedro. Hinter mir gingen die Fotografin und Manfred vom Nachbarhof. Wir waren überrascht. War das noch der friedfertige Shetlandhengst Axel, der da unseren Pedro anging? Seine dichte Mähne war gesträubt: Ein Zauskopf mit aufgerissenem

Maul. Die hellbraunen Hengstzähne bläkten und knallten aufeinander. Schon hatte sich Axel in Pedros Schulter festgebissen. Pedro mochte sich drehen, mochte ausschlagen, den flinken Shetlandhengst erreichte er nicht. Axel war ein schnappendes, beißendes Urtier geworden. Der Steppen-Ins-
5 tinkt war bei ihm durchgebrochen.

Pedros Schmähgewieher wurde zum Klagelaut. Hatte er den kleinen Raufbold an der einen Flanke abgeschüttelt, so saß der an der anderen, biss dort zu und kämpfte stumm. Alles geschah in Sekunden. Wir hätten kaum Zeit, die Lage recht zu überschaun. Ein Glück, dass ich Pedro an der langen
10 Longierleine hatte, denn er ging auf die Flucht. An seiner rechten Flanke hing Axel. Ich bat die Fotografin, Pedros Leine zu halten, und begab mich in das Schlachtgetümmel der Hengste. Ganz wohl war mir nicht dabei, doch ich konnte Pedros Wehklagen nicht mehr ertragen. Also packte ich den Pferdegnom Axel bei der Mähne und der Nachbarjunge kam mir mit der Peit-
15 sche zu Hilfe. So trennten wir die Hengste endlich. Ich schob Axel in die Koppel zurück. Er stellte sich sofort wieder in seiner Wächterpose auf und schien friedfertig wie vorher. Dabei beobachtete er jede Bewegung seines Rivalen.

Kaum war die Fotografin mit Pedro ein Stück davon, da ließ er wieder sei-
20 ne Schmährufe ertönen. Auch das war nicht anders, als es die schwachen Schuljungen nach verlorenem Kampfe tun.

Auf der Waldweide knüpfte ich eine lange Weidekette an Pedros Halfter. Er hatte sich noch immer nicht beruhigt. Er warf den Kopf hoch und trabte unruhig hin und her, sodass ich Mühe hatte, die Kette an einem Baum zu be-
25 festigen. „Gib dich endlich zufrieden!", schimpfte ich. „Bist ein Zähmling und kein Kämpfer!" Dabei wickelte sich die Weidekette um mein rechtes Bein. Pedro stampfte und rannte um den Baum. Mein linkes Bein verwickelte sich in der Kette. Ich stürzte zu Boden und erkannte: Zieht der Hengst jetzt an, renkt dir die Kette die aneinander gefesselten Beine aus. Hastig rich-
30 tete ich mich ein wenig auf, griff in die Kette, zerrte und verminderte damit die Spannung. So kam ich zum Sitzen und zog den Hengst mit einem Ruck auf die Knie. „Ruhig, ruhig, tut nix, Pedro!" Und Pedro blieb wirklich in kniender Stellung neben mir hocken, bis ich mich, wieder auf dem Rücken liegend, aus dem Geschling der Kette befreit hatte. Wir standen beide auf
35 und schauten uns an. „Habe ich dich einen Zähmling genannt? Verzeih!"

Wieder war ich ein wenig klüger geworden: Was heute eine Schwäche ist, kann morgen unter veränderten Verhältnissen eine Stärke sein. Man muss sein Urteil wägen.

Die Pferdehochzeit

Nun blühte die Welt und liebte sich. Die Sauerkirschhecke am Gartenweg war ein weißer Blütenwall. Der Gartenbaumläufer[1] rief voll Wehmut. Auch die Wehmut gehört zur Liebe. Der Grünspecht fuhr im Zackelflug von Wald zu Wald. Er lachte wie ein Kobold. Auf der Friedhofsfichte aber schrie er:
5 „Weib, Weib, Weib!" Bald kam sein Weib und sie flogen miteinander über das grüne Wipfelmeer.

Das ist die Zeit, in der die Lebenslust der Kreaturen überquillt. Viele Menschen schreiben Gedichte. Darin wandern die Wolken, wehen die Winde und weinen die Herzen. Im Winter werfen sie die Gedichte weg. Nur, wer
10 auch im Winter die Lebenslust des Frühlings und die Reife des Sommers aufs Papier bannen kann, wer aus winterstarren Ästen duftende Blüten zu schlagen vermag, der wird ein Dichter.

Wir hatten das verwöhnte Stutenfräulein erzogen. Es hatte die Wildpferdmucken abgelegt. Die Gartenkoppel war nicht die Prärie, nicht die Steppe,
15 auf der Stella ihr Daseinsrecht mit Hufen und Zähnen hätte verteidigen müssen. Sie gehörte zu einer Hofgemeinschaft von Tieren. „Du wirst von niemand gefährdet, also gefährde auch du niemand, Stutenfräulein! Zeig dich zahm!"

Pedro stob durch die Gartenkoppel. Ich hatte ihm einen weißen Hoch-
20 zeitshalfter aufgesteckt. Für das Weißen des Halfters hatte ich die Sommerschuh-Tinktur meiner Frau aufgebraucht.

Das Krähenmännchen saß am Waldrand und schickte seinen Balzlaut über die Wiesen: „Such doch! Such doch!" Pedro hielt inne und hob den Kopf. Seine Augen glänzten wie nasse Steinkohlen. In der Mähne fächelte
25 der Maiwind. Da stand er wieder: der Gott der Wälder meiner Kindheit.

Wir brachten das Stutenfräulein in die Koppel. Wer's nicht besser wusste, musste die Stute Stella für eine Schwester Pedros halten. Beide brandfuchsbraun; beide von gleicher Größe. Der Hengst trabte herzu. Er hob die Beine so elegant und vornehm, dass man hätte glauben könne, es säße ein unsicht-
30 barer Kunstreiter auf ihm. Und da waren wir im schönsten Frühling einem Irrtum auf der Spur: Man kann nichts aus einem Tier herausholen, was nicht schon in ihm läge. Der Kunstreiter holt mit Schenkeldruck, Sporen und Reitgerte den Hochzeitsgang des Hengstes in der Manege und auf dem Reitplatz hervor. Er zwingt das Tier, wenn auch freundschaftlich. Vor seiner

---

1 *Gartenbaumläufer:* kleiner Singvogel mit dünnem gebogenem Schnabel

Stutenbraut aber bewegte sich der Hengst in freiwilliger Eleganz. Die Stute Stella stand misstrauisch. Die Ponys rieben einander die Nasen. Die Begrüßung. Der Maikuss.

Die Jagd begann. Kein ernsthaftes, sondern ein neckisches Davonrennen. Zuweilen blieb die Stute stehn und ließ sich vom Hengst einholen. Pedro raunte ihr Liebesworte zu, doch die Worte glichen einem kleinen Gedonner. Vorsichtig biss der Hengst in das Stutenfell, hob die Haut und zwickte. „Sie-Sie-Sie", sagte das Fräulein. Die Jagd begann von neuem.

Über die Blumenwiese flatterten zwei große Schmetterlinge. Schwalbenschwänze. Steilauf ging ihr Flug. Sie verloren sich im Sonnengeflimmer. Kaum aber hatte ich wieder in die Wiese, in die gelben Augen der Margeriten geschaut, da fielen meine Schwalbenschwanzfalter in die blauen Vergissmeinnichten zu meinen Füßen. Kein Wesen dieser Welt kommt mit dem Himmel allein aus. Wie sollte der Himmel die Kinder der Schwalbenschwänze, jene schönen rot gestreiften Raupen, ernähren? Sie benötigten das Möhrenkraut der Erde.

Pedro und Stella standen in der entferntesten Koppelecke. Der Hengst raunte und raunte. Vielleicht sang er ein Lied. Jedes Wesen hat sein Liebeslied. Das der Menschen ist das schönste.

Als die Schwalbenschwänze zum dritten Male ins Sonnengeflimmer strebten, umarmte Pedro die Stute Stella. „Liebt euch!", sagte ich und war wie der Vater der Pferde.

Am Abend kam das Pferdepaar maiwindzerzaust von der Koppel. Wir stellten die Zausköpfe zusammen in eine Box. Da war große Friedfertigkeit. Pedro besiegte zum ersten Mal seine Fressgier. Die Stute Stella durfte aus seiner Krippe fressen. Es schoss kein Futterneid im Hengst hoch. Da war die gute Kraft der Liebe wirksam und verwandelte ein Wesen.

Auf dem Hof in der kleinen Schilflaube erklang die Mandola. Ich mischte mich unter die Singenden. Manchmal lauschte ich aus dem Gesang heraus auf das Klirren der Halfterketten im Stalle.

MATERIALIEN

M 1   Vom Leben der Pferde

Beim Pferd und bei den Wiederkäuern wachsen die **Jungtiere** bei Haltung auf der Weide unter dem Schutz der Muttertiere im Verband der Herde heran: Sie gehören zunächst zu den rangniederen Mitgliedern der Herde, die gegenüber kampfeslustigen Herdentieren eine „Demutshaltung" einnehmen. Mit dem Größerwerden und
5   mit dem Eintritt der Geschlechtsreife werden sich die Jungtiere ihrer Stärke allmählich bewusst und beteiligen sich in steigendem Umfange an kämpferischen Auseinandersetzungen. Die Kämpfe werden manchmal mit erstaunlicher Härte und Rücksichtslosigkeit geführt. Dabei sind bestimmte Spielregeln ausgebildet, die verhindern, dass Tiere zu Tode gestoßen werden. […]

10   Die Pferde geben in der Herde ihre **Stimmung** vor allem durch die Bewegung der Lippen und der Ohren kund. Auch in einer Pferdeherde bildet sich eine Rangordnung aus. Besonders heftige Kämpfe werden unter Hengsten geführt – unter Ausschlagen mit den Vorder- und den Hinterbeinen, unter Hochspringen und unter Beißen –, weswegen man auch Hengste einzeln hält. Beim Fressen wollen Pferde
15   nicht gestört werden. Wenn man an einem Standort aus der Futtertasche fressende Pferde zu streicheln versucht, dann reagieren sie oft nicht sehr freundlich. Das Zeigen der Zähne und das Anlegen der Ohren bedeuten: „Vorsicht, mit mir ist nicht zu spaßen!" Hat ein solches Pferd deswegen einen bösen Charakter, wie manchmal vermutet wird? Keinesfalls, das so genannte Drohgesicht ist Ausdruck des Unbehagens
20   und einer gewissen Angst, wenn sich eine unbekannte Person nähert.

Bei […] Haussäugetieren können **Informationen im Gehirn** über einen mehr oder weniger langen Zeitraum gespeichert werden. Die Zeitdauer der Speicherung ist von der Bedeutung der Information und von der Häufigkeit der Aufnahme abhängig. Unsere Haussäugetiere speichern die meisten Informationen nur für einen kur-
5   zen Zeitraum, der sich auf etwa 5–10 Sekunden beläuft. Dieser Zeitraum ist ausreichend, um entsprechende Reaktionen zur Auslösung zu bringen. Man bezeichnet diese Kurzspeicher von Informationen als „Sofortgedächtnis". Das Vergessen von Informationen, die kurze Zeit in das Bewusstsein eintreten, ist insofern von Bedeutung, als auf diese Weise fortlaufend neue Informationen in das Bewusstsein eintre-
10   ten können. Die Kurzzeitspeicher dienen vor allem zur Durchführung schneller Reaktionen.

Für die **Koordination**[1] **von Verhaltensweisen** wichtige Informationen können über einen Zeitraum von mehreren Minuten im Gehirn gespeichert werden.

1 *Koordination:* Zusammenwirken

91

Dadurch wird eine zusammenhängende Erfassung von mehreren Informationen möglich, die in kurzen Abständen in das Bewusstsein eintreten. Durch die Bildung von Gedächtnis für einen Zeitraum von einigen Minuten ist bereits eine Möglichkeit der Auswahl einer bestimmten Verhaltensweise aus mehreren Möglichkeiten gege-
5 ben.

In das **Langzeitgedächtnis** werden Informationen aufgenommen, die für das Tier von lebenswichtiger Bedeutung sind. Das Langzeitgedächtnis dient vor allem der Speicherung von Erfahrungen; es ist bei Pflanzenfressern weniger gut als bei Fleischfressern ausgebildet. Die besten Langzeitspeicher hat der Mensch, der Informationen
10 aus der Jugendzeit über einen Zeitraum von mehr als 100 Jahren speichern kann.

Bei unseren Haussäugetieren werden **Informationen und Erfahrungen** besonders in der Jugendperiode leicht in das Langzeitgedächtnis übergeführt. Der Schlüssel zum Erfolg bei der Einstudierung bestimmter Dressurleistungen bei Tieren besteht darin, dass man eine natürlicherweise vorhandene Neigung zur Durch-
15 führung bestimmter Vorgänge ausnutzt, um diese durch Wiederholen und Üben sowie durch Belohnung bei richtiger Durchführung für das Tier interessant und erstrebenswert zu machen. [...] Bei der Dressur gilt es, durch häufige Übung die Schnelligkeit, die Ausdauer und die Kraft für die Durchführung einer bestimmten Aufgabe zu fördern.
20 Pferde haben nur für bestimmte – natürlicherweise für sie bedeutsame – Vorgänge ein Langzeitgedächtnis, besonders für solche, die sie unter natürlichen Verhältnissen erleben. Auffällig ist das gute Gedächtnis von Pferden für manche Dinge, die dem Trainer oder Reiter als völlig unbedeutend erscheinen. Das Pferd sieht eben die Welt aus einem ganz anderen Blickwinkel als der Mensch.

25 Viele **Tätigkeiten und Verhaltensweisen** sind [...] angeboren. Hierfür stehen die notwendigen „Befehle" [...] an die verschiedenen Organe zur Durchführung bestimmter Reaktionen bzw. Bewegungsvorgänge schon zum Zeitpunkt der Geburt zur Verfügung. Bei den durch Beobachtung, Übung und Erfahrung erlernten Verhaltensweisen spielt das **Lernen nach Vorbild** – das Nachahmen von Verhaltens-
30 weisen der Elterntiere und der Geschwister – eine entscheidende Rolle. Weiterhin ist auch das Lernen auf Grund von Eigeninitiative unter Berücksichtigung des Erfolges oder des Misserfolges von maßgeblicher Bedeutung. Viele erlernte Handlungen bei Haustieren laufen auch auf Grund der Ausbildung bedingter Reaktionen ab.

Eine große Rolle beim Erlernen von zweckmäßigen Verhaltensweisen spielt das
35 **Lernen am Erfolg bzw. am Misserfolg**. [...]

Bei der **Dressur** von Tieren spielt das Lernen am Erfolg gleichfalls eine maßgebliche Rolle. Bei den Tieren findet dabei zunächst in einer Eingewöhnungsperiode

eine Anpassung an die Umgebung statt, in der die Dressur durchgeführt werden soll. Durch das persönliche Bekanntsein mit dem Trainer von Jugend auf wird das Eingewöhnen in der jeweiligen Umgebung erleichtert. Das Erfolgserlebnis bei der Dressur besteht darin, dass die Tiere bei deren richtiger Durchführung belobigt werden und
5 kleine Leckerbissen erhalten. Bei der Pferdedressur werden hauptsächlich Bewegungen einstudiert, die schon natürlicherweise beim Spiel und beim Kampf durchgeführt werden.

Das **Gesamtverhalten eines Tieres** ist vom jeweiligen Gesundheitszustand, vom funktionellen Zustand (erholt oder müde), von den aus der Umwelt aufgenommenen
10 bzw. aus den Messfühlern im Körper stammenden Informationen sowie von den aus dem Gedächtnis abgerufenen Informationen abhängig. Die Verarbeitung und das Abrufen von Informationen finden im Gehirn in ähnlicher Weise wie bei informationsspeichernden Anlagen der Technik statt. Die Auswahl eines bestimmten Verhaltens durch das Tier erfolgt unter Berücksichtigung von dessen Bedeutung für die
15 Erhaltung des Lebens. Bei Bedrohung wird das Flucht- bzw. das Abwehrverhalten ausgelöst. Unter diesen Verhältnissen geht es um die Erhaltung des Lebens, sodass andere Verhaltensweisen, wie die Futteraufnahme oder die Paarung, vorübergehend an Bedeutung verlieren. Vorrang haben immer die Verhaltensweisen, die für die Erhaltung des Lebens von unmittelbarer Bedeutung sind.

20 Eine große Rolle spielt bei den Jungtieren das **Lernen durch Beobachtung und Nachahmen** der Handlungen von erwachsenen Tieren. Wir wissen aus eigener Erfahrung, wie wichtig für bestimmte menschliche Verhaltensweisen die Wirkung eines Vorbildes ist. Unternehmungslust und Erfolg sowie Können und Leistung eines Menschen wirken auf das ganze Kollektiv anregend und fördern den Wettbe
25 werb. Bei den Tieren findet auch ein gewisses „Drängen nach vorn" in der sozialen Rangordnung statt. Die leistungsfähigeren Tiere können sich jeweils durch Rangordnungskämpfe einen besseren Platz in der Herde erobern. Die rangniederen Tiere machen aber in der Regel auch einen zufriedenen Eindruck. Von den erfahreneren Tieren bei bestimmten Umweltverhältnissen gezeigte zweckmäßige Reaktionen
30 werden von den jüngeren Tieren schnell nachgeahmt, wenn sie in eine ähnliche Situation kommen. […]

Die **Lernfähigkeit des Pferdes** für die Durchführung bestimmter Bewegungen (Gangarten, Figuren, Sprünge) auf entsprechende Reize und Einwirkungen durch den Reiter bzw. Trainer hin ist vielseitig. Es darf dabei jedoch nicht übersehen wer
35 den, dass es sich hierbei um die Ausbildung von Dressurleistungen handelt, die in der motorischen Aktivität des Pferdes schon vom Prinzip her verankert sind. Pferde sind gute Beobachter der Umgebung und nehmen Dinge wahr, die den Menschen oft entgehen. Manche Dressurleistungen der Pferde beruhen darauf, dass es das Pferd lernt, auf bestimmte Zeichen seines Trainers – die von den Zuschauern nicht bemerkt wer

den – mit bestimmten Reaktionen zu antworten. Auf diese Weise können „kluge" Pferde durch Scharren mit den Hufen mathematische Aufgaben lösen. Die Besonderheiten im Lernverhalten des Pferdes werden verständlich, wenn man bedenkt, dass für Wildpferde kleine Veränderungen in der Umgebung, die z. B. durch das Anschleichen von Raubtieren bedingt sein können, zu großen Wirkungen („Überfall") führen können. Pferde erinnern sich auch lange Zeit an das Erschrecken an bestimmten Stellen, an Bedrohung sowie an Bestrafung. Leider lernen Pferde bei roher Behandlung oder bei einseitiger Haltung auch leicht, „Untugenden" zu entwickeln. Die meisten Untugenden entstehen durch Fehler in der Behandlung und in der Haltung; nur wenige werden durch Erkrankungen des Nervensystems und der Sinnesorgane hervorgerufen. [...]

Allgemein wird das Lernvermögen der Haussäugetiere durch Mängel in der Ernährung während der Jugendperiode herabgesetzt. [...]

Unsere Haussäugetiere [...] haben keine **Sprache** im Sinne der menschlichen Sprache, von der auf der Erde mehr als 3 000 verschiedene Variationen vorkommen. Die Lautäußerungen unserer Tiere dienen sehr vielfältigen Aufgaben. Mit der „Tiersprache" haben sich schon die großen Philosophen des Altertums beschäftigt. Abhandlungen über die Entwicklung der „Tiersprache" wurden schon von Aristoteles (384–322 v. u. Z.) geschrieben. Der Schriftsteller Äsopus von Phaedrus (15 v. u. Z. bis 55 u. Z.) verfasste zahlreiche **Tierfabeln**, in denen die Tiere ihren Gedanken Ausdruck verleihen und oft menschenähnliche Eigenschaften annehmen. In vielen Fabeln und Märchen werden gute menschliche Eigenschaften an Hand der Darstellung von deren Vorkommen bei den Tieren gelobt, während schlechte Eigenschaften getadelt werden. Die meisten Tierfabeln und Märchen lassen eine gesellschaftskritische Einstellung der Verfasser erkennen, wobei die Geschöpfe mit den edlen und guten Eigenschaften den Sieg über die mit schlechten davontragen.

Das erste Werk über die „Tiersprache" wurde im Jahre 1603 von dem italienischen Anatomen[1] Hieronymus Fabricius ab Aquapendente (1537–1619) aus Padua unter dem lateinischen Titel „De loquela brutorum" herausgebracht. In diesem Buch wird bereits aufgezeigt, dass die Tiersprache ein wichtiges Ausdrucksmittel für die Stimmung der Tiere und ein Weg zum gegenseitigen Warnen bzw. zum Auffinden ist.

Bei den Fohlen beginnt die **Erkundung der Umwelt** unmittelbar nach der Geburt. Die Fohlen erkunden schon in den ersten Tagen den Stall und den Auslauf. Die scharfe Sehfähigkeit auf größere Entfernungen ist gering, sodass Fohlen auch pferdeähnliche Nachbildungen (Attrappen) im Versuch für Pferde halten und sich neugierig nähern. Ein scharfes Sehen ist bis zu einer Entfernung von etwa 20 m möglich. Nach der ersten Lebenswoche gewinnen akustische[2] Signale des Muttertieres für die Orientierung der Fohlen an Bedeutung. Die Fohlen können dann die Mutter

---

1 *Anatom:* jemand, der Form und Körperbau von Lebewesen studiert
2 *akustisch:* über Schall, Töne wirksam

am Wiehern auf größere Entfernungen erkennen: Sie antworten nur auf den Ruf der eigenen Mutter.

Bei der Erkundung der Umwelt durch die Pferde spielen geruchliche Reize und das Beknabbern der Gegenstände eine wichtige Rolle. Die Wildpferde nehmen auf-
5 merksam die Geruchsreize wahr. Sie laufen dabei vorwiegend gegen den Wind, um von Feinden ausgehende Duftstoffe frühzeitig wahrzunehmen. Beim Herannahen von unbekannten Personen weichen Pferde aus und halten dabei einen Abstand von etwa 15–50 m von der möglichen „Gefahrenquelle". Wenn bei der Erkundung verdächtige Vorgänge wahrgenommen werden, für die das Pferd auf Grund seiner
10 Erfahrungen keine „Erklärung" hat, dann ergreift es sehr schnell die Flucht. Das **Scheuen** der Pferde ist eine aus der Tradition der Wildpferde (Flucht) übernommene Reaktion, die leicht zu Unfällen führen kann, da die Pferde bei der Flucht blindlings davonstürmen.

Arbeitsanregungen

1. *Welche der in diesem Text genannten Verhaltenseigentümlichkeiten von Pferden treffen auch für Pony Pedro zu? Nenne Beispiele aus der Geschichte.*
2. *Beschreibe Pedros Dressur (S. 35 f., S. 42 f., S. 65–67). Inwiefern spielt bei seiner Erziehung „Lernen am Erfolg" eine maßgebliche Rolle?*
3. *Schildere Pedros Verhalten, wenn er sich bedroht fühlt. Wie wehrt er sich?*
4. *Worin besteht die „Sprache" der Pferde? Nenne Beispiele, wie sich Pedro verständlich macht.*
5. *Betrachte das Pferde-Foto der „Stiftung für das Pferd" in Le Roselet in der Schweiz (S. 96).*
   Beschreibe das Tier.
   Begründe, ob du es für ein altes oder jüngeres, ein gepflegtes, gut ernährtes oder verwahrlostes Pferd hältst.

M 2   Die „Stiftung für das Pferd"

Die „Stiftung für das Pferd", 1958 von Hans Schwarz gegründet, betreibt im Schweizer Jura drei Heime für alte Pferde, Ponys, Esel: Jeanbrenin, Le Roselet und Maison Rouge bei Les Bois. Jedem Heim ist eine kleine Zucht beigegeben und die Besucher können in den Ställen und auf den 100 Hektar Weideland Neugeborenen mit Müttern, ein- bis dreijährigen Fohlen und alten bis sehr alten Tieren begegnen. Die über vierzigjährige Stiftung ist aus dem Gedankengut des Tierschutzes gewachsen und bemüht sich in einer von Technik und Motor beherrschten Zeit, die Würde des Pferdes (und auch der Esel) im Bewusstsein der Menschen zu erhalten.

Stiftung für das Pferd
Le Roselet
CH–2345 Les Breuleux
Tel.: (041) 032 959 18 90 / (041) 032 962 50 60

M 3   Gustaf af Geijerstam *Vollblut*

Im Bergwerk, tief unter der Erde, wo niemals ein Sonnenstrahl hindringt, geht ein breiter Gang, der die verschiedenen Schächte mit dem Platz verbindet, wohin das Erz gebracht wird, um dann ans Tageslicht hinaufbefördert zu werden.

Auf diesem Wege hört man Stunde für Stunde Pferdehufe auf den feuchten Stei-
5 nen klappern. Kleine rauhhaarige Pferde ziehen unverdrossen die schweren Karren voll großer Steinblöcke durch die breiten Gänge dahin, in denen der Schein der graufarbigen Laternen das einzige ist, was das Sonnenlicht ersetzt. Und wenn endlich der Abend kommt und Tiere und Menschen zum hellen Tageslicht hinaufgeschafft werden, das ihnen in die Augen brennt, die an das Dunkel gewöhnt sind, dann sind
10 die kleinen Pferde nach des Tages Arbeit müde. Mit gesenktem Kopf stehen sie oben auf dem Felde; ihre Augen blinzeln gegen die Abendsonne, die am Horizont der endlosen Ebene verschwindet, und sie gehen langsam und zufrieden zum Stalle, wo sie zu schwerem Schlafe auf das dünne Strohlager hinsinken.

Die alten Leute erzählten: Einmal, vor vielen Jahren, kam ein junges Vollblut-
15 pferd in die Grube hinunter. Es wurde vor den Steinkarren gespannt und musste in Reih und Glied mit den kleinen Pferden das Erz vom Schacht her zum Auffahrts-platz schleppen. Es war von einem Stallknecht, der zu oft die Peitsche gebrauchte, schlecht eingefahren worden, und nachdem es ein paar Mal die Gabeldeichsel zer-brochen hatte, als es den Wagen des Grubenbesitzers ziehen sollte, schickte der es
20 unter die Erde, damit der Steinkarren und das Dunkel sein wildes Blut zähmen soll-ten.

Das Vollblutpferd ging auch still vor dem Karren; es war durch die Dunkelheit erschreckt, und es gehorchte aus Angst vor den schweren Peitschenschlägen. Unter der Erde verlor sein Fell allen Glanz, die Augen wurden matt und die üppige Mähne
25 verfilzt und grau von Schmutz.

Aber die breiten Gänge waren auch niedrig. Und wenn das Vollblutpferd die tiefs-te Stelle durchschreiten musste, wo die kleinen Arbeitsgäule alltäglich ihre Last hin-zogen, ohne die Nähe des Hangenden zu ahnen, das erst einen Zoll über ihrem Rücken war, dann kratzte der harte Stein die empfindliche Haut des hoch gewachse-
30 nen Rosses.

Jedes Mal, wenn das Pferd an diese Stelle gelangte, blieb es stehen und sein ganzer Leib zitterte. Aber sogleich sauste die unerbittliche Peitsche hinter ihm und wie in Wut schritt es vorwärts, indem es das Gebiss[1] kaute, dass sich der Geifer[2] mit Blut vermischte. Wenn es sich bückte, so sank es unter der Last des Karrens in die Knie,
5 und richtete es sich auf und zog, so wurde das schwarze Fell von den scharfen Spit-zen der Bergwand zerrissen.

Da, erzählten die alten Leute, hätte es eines Abends, als es zum Tageslicht hinauf-kam, seinen verwundeten Rücken gestreckt und der untergehenden Sonne entgegen-

1 *Gebiss:* hier: Gebissstange
2 *Geifer:* Speichel

geschnaubt und gewiehert. Und in seinem Blick lag eine Sehnsucht wie in dem eines Menschen.

In derselben Nacht riss es sich im Stall los, wo die kleinen, rauhhaarigen Pferde nach des Tages Arbeit den müden Schlaf der Plage schliefen. Es galoppierte durch die
5 offene Tür hinaus in das Freie, und als der Morgen anbrach, lag sein großer schwarzer Körper am Meeresstrande angespült. Das Wasser hatte den Staub aus seiner Mähne geschwemmt und seine Wunden rein gewaschen. Prächtig leuchtete sein geschmeidiger schwarzer Körper auf dem weißen Sand, den die Wogen bespülten. Und die alten Leute meinten, das Tier habe sich in Verzweiflung ertränkt.
10 Es war zu groß, sagten sie. Und die Grube war ihm zu eng. Darum starb es.

Aber die Grubenarbeiter reden noch von dem schwarzen Pferde, das nicht ohne Luft und Sonnenlicht leben konnte. Denn die Sage bewahrt das Gedächtnis an all die Aufrührer, die lieber sterben wollen, als sich dem Leiden unterwerfen.

Arbeitsanregungen

1. Warum wird das Vollblutpferd in die Grube geschickt?

2. Vergleiche, wie das Vollblutpferd von dem Stallknecht eingefahren wurde, mit der Art und Weise, wie Pedro lernt, einen Wagen zu ziehen (S. 35 f.).

3. Warum flüchtet das Vollblutpferd aus dem Grubenponystall und ertrinkt?

4. Was hättest du mit einem Vollblutpferd getan, das mehrmals die Deichsel zerbrochen hat?

5. Vergleiche die Beschreibung des Vollblutpferdes unter der Erde mit der nach seinem Tod.

6. Was hätte geschehen müssen, um den tragischen Tod des prächtigen schwarzen Vollblutpferdes zu verhindern?

7. Was bedeutet der letzte Satz der Erzählung?

M 4 Erika Ziegler-Stege *Pony Peter*

Der achtjährige Martin Wolters möchte das Shetlandpony Peter besitzen, das er auf dem Kirmesplatz kennen lernt. Dort zieht es als Karussellpferd den ganzen Tag einen Wagen im Kreis herum. Aber die Kirmes geht weiter und mit ihr Pony Peter. Martin, zu Besuch auf dem Landhof seiner Großeltern, sehnt sich nach ihm. In der Nachbarschaft wohnt der alte Mattis, der sich mit Blumen und Tieren auskennt.

Es ist schon dunkel, da hält [Großvaters] grauer Volkswagen vor dem Häuschen vom alten Mattis.

„Ich danke Ihnen herzlich, Herr Mattis! Was Sie heute fertig gebracht haben, das hätte ein Studierter nicht fertig gebracht.“

5 Der alte Mattis wehrt ab, aber er freut sich doch sehr über das Lob.

Dann rollt der graue Volkswagen dreißig Meter weiter vor das Nebenhaus. Martins Großvater steigt aus.

An der Haustür erwartet ihn schon die Großmutter. Ihr Blick fragt. Der Großvater nickt. Und sie lächelt. Auch seine Tochter kommt und sieht ihm in die Augen und

10 auch ihr nickt er zu. Und auch sie lächelt. Dann geht er leise zum Martin hinein.

Ein kleines Lämpchen [...] gibt ein wenig Licht. Martin hat die Augen offen. Der Großvater zieht sich den Stuhl ganz nahe ans Bett. So, dass er Martins Gesicht gleich neben sich hat.

„... Du warst lange nicht da ... Warst du spazieren?“

15 „Wenn du schön ruhig atmest, dann – erzähle ich dir, wo ich gewesen bin. [...] Ich – war bei dem Peter!“ Dann spricht er schnell weiter und hält die plötzlich so unruhigen Händchen ganz fest. „Und der Peter wird jetzt nie mehr ins Karussell gespannt. Und morgen – wirst du ihn wiedersehen! Und dann – bleibt er immer bei dir!“

20 Der Großvater beugt sich über den kleinen Martin und nimmt ihn in seine Arme. Und Martin weint vor Freude und der Großvater auch.

[Am nächsten Tag kommt Peter] wahrhaftig plötzlich herein.

Zuerst sieht Martin die struwweligen Haare vom alten Mattis, und an ihn, an seinem Arm vorbei, drückt sich das struwwelige Köpfchen des kleinen Peter.

25 „Der Struwwelpeter meldet sich bei seinem neuen Herrn! Wenn ich ihn eben richtig verstanden habe, als er gewiehert hat, dann will er seinem neuen Herrn treu ergeben sein, ebenso wie er es dem alten war.“

Der Peter kommt zu Martin, wischt mit seiner Nase über Martins Kopf, dann sucht er die Zuckerdose, und als er sie nicht findet, lässt er seine Stimme hören.

30 Der alte Mattis übersetzt: „Das soll heißen: ‚Lasst mich doch nicht so lange suchen! Wo habt ihr die Zuckerdose?‘“

Der Großvater und der alte Mattis sind ebenso glücklich wie Martin.

„Warum haben wir uns diese Freude eigentlich nicht schon lange gegönnt?“, sagt der Großvater und sieht seinen Nachbarn an. [...] Sie, Herr Mattis, müssen natürlich

35 dabei sein, wenn wir Peters Einzug feiern.“

Martin hält seinem Pony – *seinem* Pony, wie glücklich der Gedanke macht – ein Zuckerstückchen auf der flachen Hand hin und Peter kaut mit Behagen. Dann trabt er zur Tür und Mattis lässt ihn auf die Wiese.

Als er zurückkommt, sagt Martin gerade: „Ich kann es gar nicht glauben, dass es
5   mein sein soll."

„Ich kann es auch noch nicht glauben. Und ohne Onkel Mattis' Hilfe ... Ich weiß nicht, ob der Mann es mir verkauft hätte."

„Dann hätten Sie dem Martin eben ein anderes Pony gekauft", meint der alte Mattis bescheiden.

10   Da macht Martin ein arg enttäuschtes Gesicht: „Ein anderes! Aber gerade der Peter sollte es doch gut haben, weil er vor seiner Kutsche so schrecklich traurig aussah."

„Jaja, Martin, du hast schon Recht! Es musste das Peterchen sein, das Struwwelpeterchen. Hoffentlich ist es glücklich bei uns, ohne seine Kameraden."

15   „Dafür wollen wir schon sorgen, dass es glücklich bei uns ist!" Die Stimme des alten Mattis ist recht zuversichtlich.

[...]

Der kleine Peter erobert sich alle Herzen.

Nicht nur die fünf, die geholfen haben ihn zu finden und nun glauben, das erste
20   Anrecht auf seine Zuneigung zu besitzen, auch die anderen Kinder aus der Nachbarschaft bleiben an dem Zaun stehen. Sie locken das Pony mit zärtlichen Worten und mit Zuckerstücken. Der Großvater muss ein Schild an den Zaun hängen: „Bitte nicht füttern. Sonst wird das Pony krank."

Zwei große Wiesen kann der kleine Peter als Futterplatz und Auslauf benutzen
25   und er genießt diese Freiheit und alle Rechte, die ihm gehören, sehr.

[...] Der Großvater sagt: „Wir müssen dem Peter eine Beschäftigung suchen! ‚Müßiggang ist aller Laster Anfang!', sagte meine Mutter. Wenn er nichts zu tun hat, kommt er auf dumme Gedanken oder er könnte dann Sehnsucht haben nach den anderen, nach dem Chef und dem Pikkolo und dem Hans und der Sonja. Davor müs-
30   sen wir ihn bewahren. Er muss Pflichten haben."

Auch Mattis hatte sich schon, seit das Pony da war, überlegt, wie man es beschäftigen könnte, und er meinte: „Wenn Martin mir hilft, dann würde ich ein Wägelchen bauen. Dann könnten wir in den Wald fahren, Reisig sammeln, und der Peter könnte es nach Hause ziehen. Die alte Frau Menzel, die kein Geld hat sich Heizmaterial
35   zu kaufen, würde dankbar sein, wenn wir ihr mal ein Bündel nach Hause führen."

„Das ist ein guter Plan", lobt der Großvater.

Und auch Martin weiß einen: „Ich müsste einen Sattel haben, um reiten zu lernen."

„Ja, Martin, das ist sehr vernünftig, aber woher willst du den Sattel nehmen? Ein
40   Sattel ist nicht billig."

„Ach, ich hab doch das Gesparte! Da fehlt nicht viel an fünfzig Mark."

Martins Gesicht strahlt.

„Das ist sehr schön! Siehst du, wie gut es ist, wenn man gespart hat", sagt der Großvater.

[...]

Der Vater will am Samstag kommen, über das Wochenende bleiben und dann am Sonntagabend die Mutti und den Martin mit nach Hause nehmen.

Wo bleibt Peter?

Nach langem Überlegen sind die Eltern und Großeltern zu dem Entschluss gekommen, den Peter bei den Großeltern zu lassen.

Haus und Garten und Wiese sind Eigentum der Großeltern. Da könnte man für den Peter eine kleine Schutzhütte bauen, gegen die kalten Winterstürme.

Um sein geliebtes Pony in der kältesten Jahreszeit vor dem eisigen Wind zu schützen, hatte sich Martin mit dem Plan zufrieden gegeben. Mit schwerem Herzen dachte er an die Trennung.

„Alle Ferientage bist du ja bei ihm und wenn möglich jeden Monat an einem Wochenende." Das hatte der Vater versprochen.

Aber es war doch schwer, den Peter so selten zu sehen, und Martin drückte seinen Kopf fest in Peters Fell. [...] Der grast heute auf der Nachbarwiese, beim Onkel Mattis. Wieder stehen ein paar Zuschauer vor dem Zaun, die sich darüber freuen, wie gut dem kleinen Pony das saftige Grasfrühstück schmeckt.

Mattis arbeitet an seinen Blumenbeeten. Er verkauft den ganzen Sommer Blumen, viele Sorten, an die Blumengeschäfte und an die Gemüseläden und an seine Stammkundschaft.

Jetzt kommt er auf die Wiese: „Euch beide könnt' ich brauchen! Du könntest das Wägelchen ziehen, Peter, und du, Martin, du könntest die Blumen zu der Kundschaft fahren."

Martins Augen leuchten: „Das möcht' ich lieber tun als in die Schule gehn. Ach, könnt' ich doch hier bleiben!"

„Bald bist du ja wieder hier ... Und, Schule muss sein! Du musst doch die Adressen lesen können, wo ich dich hinschicke, und zusammenrechnen können, was du verkaufst."

„Ha, das kann ich doch jetzt schon!" Martin rechnet: „Wenn eine Rose fünfzig Pfennig kostet, dann kosten zwei Rosen eine Mark. Und drei Rosen eine Mark und fünfzig Pfennig. Und vier Rosen zwei Mark. Ach, könnt' ich doch hier bleiben! Bei dem Peter! So gern würden wir für dich Blumen verkaufen."

„Jaja, mein Junge, so ist das. Kaum hat der liebe Gott einem den einen Wunsch erfüllt, da hat man schon wieder einen anderen auf Lager. Du bist gar nicht bescheiden, mein Freundchen."

Wenn der Onkel Mattis „mein Freundchen" sagt, das ist so was Ähnliches wie ein Tadel. Martin weiß das und er versteckt sich hinter dem Peter, der zwischen den beiden steht und in aller Ruhe seine Gräser rupft.

Es ist schon dämmrig, als Martins Vater am Samstag ankommt. Martin ist glücklich, als er den Vater sieht, aber gleichzeitig auch unglücklich. Morgen soll er fort! Fort von Peter! Und von den Großeltern, die er so liebt, und von Mattis, den er so gern hat.

5 Martins Vater ist noch keine halbe Stunde da, und schon läuft der Martin, so schnell er kann, aus dem Hintereingang am Haus entlang, am Garten entlang zum Nachbarhaus. Er drückt den Zeigefinger so fest auf die Klingel, dass ihm das Fleisch unter dem Nagel wehtut. Der alte Mattis lässt die Zeitung fallen, stürzt an die Tür: „Martin!? Mein Jungchen, ist was passiert? Aber – du lachst ja!"

10 Martin atmet laut. „Onkel Mattis! ... Ich muss es dir gleich sagen – sonst hätt' ich die ganze Nacht nicht schlafen können ... Onkel Mattis! ... Ich – darf hier bleiben. Ich muss hier bleiben!"

Neuigkeiten sind das! Neuigkeiten! Der alte Mattis reibt sich sein Ohr. „Das ist mir auf den Magen geschlagen. Die Freude schlägt mir auch immer auf den Magen, 15 genau wie der Ärger."

Der alte Mattis geht an den Schrank und gießt sich aus einer großen Flasche eine wasserhelle Flüssigkeit in ein winziges Gläschen und trinkt es mit einem Schluck aus. „Sag mal, wissen sie zu Haus, dass du hier bist?"

Martin schüttelt den Kopf und der alte Mattis befiehlt: „Dann aber schnell zurück, 20 du bist doch ein Lausejunge!"

„Aber – ich muss dir doch noch alles genau erzählen."

„Sollst du auch! Ich geh ja mit. Dann holen wir uns die Erlaubnis und dann machen wir es uns hier gemütlich."

„Dem Peter muss ich es auch noch sagen."

25 Als die beiden ankommen, lassen die Großeltern den alten Mattis nicht wieder fort. So erfährt er, wie sich alles verhält.

Martins Vater wird von dem Werk für ein Jahr nach Amerika geschickt. Er möchte für eine so lange Zeit gerne seine Frau mitnehmen. Und nun haben die Eltern beschlossen, Martin bei den Großeltern zu lassen. Er wird hier in die Schule gehen.

30 Martin liegt im Bett und lacht und weint. Als der Großvater ihm Gute Nacht wünscht, sagt er: „Nun wär' alles soo schön, wenn bloß der Vati und die Mutti nicht so furchtbar weit wegführen."

„Ja, mein Kleiner, man kann nicht alles haben. Du hast schon viel!"

„Ich bin ja auch so froh, aber ... „

35 „Jaja, mein Junge, ein ‚Aber' bleibt immer. Das merkt man schon, wenn man jung ist, und wenn man älter ist, merkt man es erst recht ... Aber – ist es nicht gut so, wie der liebe Gott alles gemacht hat?"

Im selben Augenblick hören sie Peters helle Stimme. „Siehst du, er sagt es auch. Er sagt auch, dass es gut so ist. Er hat es doch auch nicht ganz einfach. Er hat sich doch 40 auch von seinen Kameraden trennen müssen und in manchen Stunden wird er bestimmt Sehnsucht nach ihnen haben, so wie du nach Vati und Mutti. Und dann wird er dich trösten, so wie du ihn trösten musst. Für den Peter wär' das Leben vollkommen schön, wenn er seine Kameraden hätte und dich und die Freiheit! So wie wenn du die Eltern und den Peter und die Großeltern und den alten Mattis hättest! Man kann nicht alles haben. Das merk dir für dein ganzes Leben, Martin! Aber man muss immer für das Schöne dankbar sein! Und dein kleiner Peter ist doch was

5 Schönes!"

Martin schiebt seine Hand in die des Großvaters: „Ich werd immer sehr lieb zu dem Peter sein."

Am nächsten Abend fahren Martins Eltern nach Hause. Sie wollen aber am Samstag darauf noch einmal wiederkommen, um Martin alle seine Sachen zu bringen.

10 Seine Kleider und Schulbücher und seine Tierbücher und seinen großen Baukasten und seinen Schlitten.

Als die Eltern schon im Auto sitzen, ruft Martin noch einmal besonders laut: „Denk aber ja nur an meine Reitmütze, Mutti!"

Arbeitsanregungen

Sowohl dieser Ausschnitt aus dem Buch Pony Peter *als auch die Kapitel* Die Strickbremse *und* Pferdenarren *(S. 29–31) aus* Pony Pedro *beschreiben die Ankunft eines Ponys in einer Familie.*

1. *Notiere, was du über Pony Peters Verhalten erfährst, als er in eine neue Umgebung kommt.*
2. *Und was erfährst du über Pony Pedros Verhalten in einer ähnlichen Situation?*
3. *Wie gehen die Menschen in* Pony Peter *mit dem Tier um, wie gewöhnen sie es an die neue Umgebung?*
4. *Wie verhalten sich die neuen Besitzer von Pony Pedro bei seiner Ankunft?*
5. *Vergleiche, was du in den beiden Buchauszügen erfährst*
   – *über die beiden Ponys, ihre Eigenheiten, ihre Eingewöhnung;*
   – *über ihre neuen Besitzer im Umgang mit den Tieren.*

TEXTQUELLENVERZEICHNIS

S. 12 f.: Erwin Strittmatter: Selbstermunterungen. Berlin – Weimar: Aufbau Verlag 1981 (entstanden 1966/67), S. 92, 32, 79, 89, 31, 95, 109, 29, 28, 8, 8, 8, 25, 14 f., 12, 18. – S. 91: E. Kolb: Vom Leben und Verhalten unserer Haustiere. Leipzig: S. Hirzel Verlag 1981, S. 73–87. – S. 96: Text aus einer Veröffentlichung der „Stiftung für das Pferd" Le Rochelet, mit freundlicher Genehmigung. – S. 97: Gustaf af Geijerstam: Vollblut. In: Hans Marquardt (Hrsg.): Das Fohlen und andere Tiergeschichten mit Zeichnungen von Josef Hegenbarth. Leipzig: Reclam 1965, S. 281 f. – S. 99: Erika Ziegler-Stege: Pony Peter. Wien: Tosa Verlag 1994, S. 41–47.

Klassische Schullektüre

Herausgeber: Ekkehart Mittelberg

Georg Büchner
Dantons Tod
Schülerheft 121143 *Lehrerheft* 121151

Georg Büchner
Woyzeck
Schülerheft 520509 *Lehrerheft* 520606

Adelbert von Chamisso
Peter Schlemihls wundersame
Geschichte
Schülerheft 521904 *Lehrerheft* 521955

Annette von Droste-Hülshoff
Die Judenbuche
Schülerheft 522083 *Lehrerheft* 522091

Günter Eich
Träume
Schülerheft 121305 *Lehrerheft* 121313

Joseph von Eichendorff
Das Schloss Dürande
Schülerheft 521106 *Lehrerheft* 521157

Theodor Fontane
Unterm Birnbaum
Schülerheft 520908 *Lehrerheft* 520959

Max Frisch, Herr Biedermann
und die Brandstifter
Schülerheft 601048 *Lehrerheft* 610056

Johann Wolfgang Goethe
Egmont
Schülerheft 601099 *Lehrerheft* 601080

Johann Wolfgang Goethe
Faust I
Schülerheft 522032 *Lehrerheft* 522040

Johann Wolfgang Goethe
Götz von Berlichingen
Schülerheft 121321 *Lehrerheft* 121330

Johann Wolfgang Goethe
Iphigenie auf Tauris
Schülerheft 121488 *Lehrerheft* 121496

Johann Wolfgang Goethe
Die Leiden des jungen Werthers
Schülerheft 121186 *Lehrerheft* 121194

Günter Grass
Katz und Maus
Schülerheft 121429 *Lehrerheft* 121437

Gerhart Hauptmann
Bahnwärter Thiel
Schülerheft 522005 *Lehrerheft* 522056

Gerhart Hauptmann
Der Biberpelz
Schülerheft 520703 *Lehrerheft* 520800

Gerhart Hauptmann
Die Weber
Schülerheft 121224 *Lehrerheft* 121232

E. T. A. Hoffmann
Das Fräulein von Scuderi
Schülerheft 121240 *Lehrerheft* 121267

Henrik Ibsen
Nora oder Ein Puppenheim
Schülerheft 121100 *Lehrerheft* 121119

Franz Kafka
Erzählungen und andere Prosa
Schülerheft 601030 *Lehrerheft* 601021

Franz Kafka
Die Verwandlung
Schülerheft 121160 *Lehrerheft* 121178

Georg Kaiser
Gas I
Schülerheft 521408 *Lehrerheft* 521459

Gottfried Keller
Kleider machen Leute
Schülerheft 520304 *Lehrerheft* 520401